Sans preuve & sans aveu

Du même auteur

Chez Mialet-Barrault Éditeurs

Au printemps des monstres, 2021 ; Points, 2022.

Aux Éditions Julliard

Le Chameau sauvage, 1997 ; J'ai lu, 1998 ; Points, 2018.
Néfertiti dans un champ de canne à sucre, 1999 ; Pocket, 2000 ; Points, 2009.
La Grande à bouche molle, 2001 ; J'ai lu, 2003 ; Points, 2020.
Sulak, 2013 ; Points, 2014.
La Petite Femelle, 2015 ; Points, 2016.
La Serpe, 2017 ; Points, 2018.

Chez d'autres éditeurs

Le Cosmonaute, Grasset, 2002 ; Le Livre de Poche, 2004 ; Points, 2011.
Vie et mort de la jeune fille blonde, Grasset, 2004 ; Le Livre de Poche, 2006 ; Points, 2018.
Les Brutes, dessins de Dupuy et Berberian, Scali, « Graphic », 2006 ; Points, 2009.
Déjà vu, photos de Thierry Clech, PC, 2007.
Plage de Manaccora, 16 h 30, Grasset, 2009 ; Points, 2010.
La Femme et l'Ours, Grasset, 2011 ; Points, 2012.
Spiridon superstar, Steinkis, « Incipit », 2016.

Philippe Jaenada

Sans preuve & sans aveu

Mialet-Barrault Éditeurs
3, place de l'Odéon
75006 Paris

www.mialetbarrault.fr

ISBN : 978-2-0802-9123-3

Il faut que j'écrive vite, on ne m'en voudra pas (non) : la littérature, parfois, tant pis. (Au placard, digressions et parenthèses !) Il faut que j'écrive vite en croisant les doigts – c'est très difficile – pour toucher quelques personnes, qui peut-être en alerteront d'autres (on va dire que je me prends pour un justicier ou je ne sais quoi, que mes livres me sont montés à la tête, que je pars en sucette et sors de mon rôle : tant pis), car pendant que je fais des phrases, un homme fermente dans une cellule, un homme qui ressemble à mon voisin du cinquième, au pharmacien du coin de la rue ou au plombier de ma mère et que je crois aussi innocent que ma mère et son plombier réunis – mais peu importe ce que je crois. Les pages qui suivent ne serviront peut-être à rien, mais je ne m'imagine pas ne pas les écrire, donc voilà.

J'ai changé les noms de nombreux protagonistes de cette histoire extravagante. Certains parce qu'ils y apparaissent sans avoir rien fait pour, rien demandé, je ne vais pas les y replonger ; d'autres parce que je ne veux montrer personne du doigt. Pour pseudonymes, j'ai choisi des mois de l'année, des fruits et des légumes.

Principaux protagonistes

(Il y en a beaucoup, des protagonistes. Ne vous embêtez pas à retenir les noms, je rappellerai de qui il s'agit au fur et à mesure du récit – la liste qui suit peut simplement servir de mémento au cas où, de camp de base.)

Cescon Marie, née Novembre.

Novembre Georges : frère de Marie.
Novembre Régine : épouse de Georges.
Novembre Christian : fils de Georges et Régine, neveu de Marie.
Novembre Corinne : épouse de Christian.

Décembre Josy, née Novembre : sœur de Marie.

Juin Bernadette, née Novembre : sœur de Marie.
Juin Céline : fille de Bernadette, nièce de Marie.

Laprie Anne, née Novembre : sœur de Marie, mère d'Alain Laprie et de Brigitte Avril.

Laprie Alain : fils d'Anne, neveu de Marie.
Laprie Mariane : épouse d'Alain.
Avril Brigitte, née Laprie : fille d'Anne, nièce de Marie.
Avril Pierre : mari de Brigitte.

Poivron Anatole : cousin éloigné de Marie.

Mars Pascal : neveu éloigné et filleul de Marie.

Cerise Pauline, née Noisette : voisine (en face) de Marie.

Cerise Gilles : mari de Pauline.

Framboise Paulette, née Noisette : sœur de Pauline, voisine (presque en face) de Marie.

Framboise Lucien : mari de Paulette.

Clémentine Daniela : voisine (derrière) de Marie.

Cassis Thierry : voisin (derrière) de Marie.

Kiwi Michel : voisin de Marie.

Octobre Gisèle : voisine de Marie ; amie de Georges Novembre.

Octobre Cécile : fille de Gisèle.

Janvier Claudette : amie de Marie.

Février François : ami d'Alain Laprie, repreneur de sa société.

Septembre Paul : gendarme en retraite, beau-frère et ami de Georges Novembre.

Adjudant Radis : premier gendarme arrivé sur les lieux du crime.

Adjudant X : gendarme, principal enquêteur jusqu'en 2007.

Major Y : gendarme, principal enquêteur à partir de 2009.

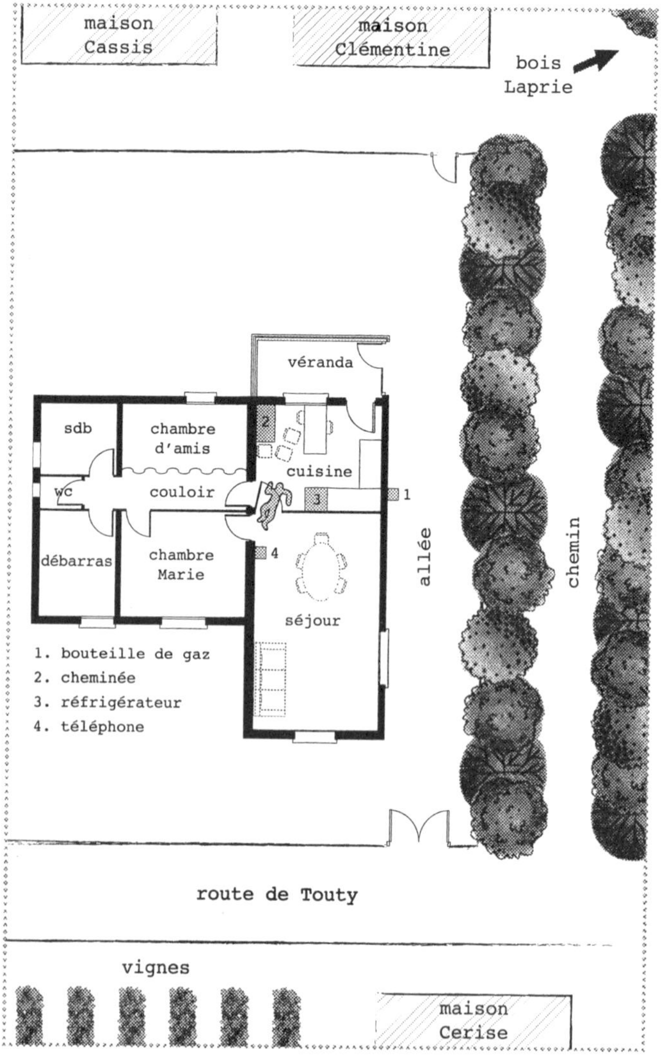
maison
Cassis
maison
Clémentine
bois
Laprie
véranda
sdb
chambre
d'amis
cuisine
wc
couloir
2
3
1
4
débarras
chambre
Marie
séjour
allée
chemin
1. bouteille de gaz
2. cheminée
3. réfrigérateur
4. téléphone
route de Touty
vignes
maison
Cerise

Le mercredi 17 mars 2004, à 22 h 05, Julien, 19 ans, quitte son travail à la Sobodec (Société bordelaise de décoration), dans la zone artisanale d'Artigues-près-Bordeaux, non loin de Bordeaux. Il monte dans la Peugeot 306 blanche de son collègue et ami Damien, 19 ans également : ils rentrent ensemble à Pompignac, à cinq ou six kilomètres à l'est, où Damien vit avec ses parents depuis six mois et où Julien a emménagé le jour même avec sa mère et son beau-père (« le copain de ma mère », dit-il). À 22 h 15, Damien dépose Julien devant chez lui, route de Touty (rien de spécial du côté de la vieille maison voisine), puis tourne à droite après cinquante mètres, chemin des Graves, perpendiculaire à la route de Touty, et roule encore cinquante mètres pour se garer dans son allée. Ils doivent se retrouver dans vingt minutes pour marcher jusqu'à l'arrêt de bus de Bel-Horizon, à trois cents mètres sur la route de Touty, y discuter avec des potes – comme partout ailleurs, l'arrêt de bus abrite les jeunes qui s'ennuient, peuvent se regrouper et fumer tranquilles ; celui-ci ressemble à une petite maison blanche au toit de tuiles, c'est un peu comme une chambre d'amis en extérieur, avec juste un mur en moins.

Quand Julien arrive chez lui, sa mère Monique fait la vaisselle dans la cuisine, son beau-père, Michel Kiwi, est dans le garage, il déballe les cartons du déménagement. Le jeune homme prend sa douche, enfile des vêtements propres, un survêtement, des baskets, une casquette rouge. Il ne mange pas, il n'a pas faim, deux Granola peut-être, il part vers le chemin des Graves et entre chez Damien, qui est seul à la maison ce soir-là et ne s'est pas encore douché, il téléphonait à sa copine depuis son arrivée. Quand son pote s'éloigne vers la salle de bains, Julien s'installe dans le canapé du salon et allume la télé : Monaco-Châteauroux sur TPS. À dix minutes de la fin du match, Châteauroux mène 1-0.

Vers 22 h 40, Damien est prêt, il porte un jogging, un blouson avec moumoute au col (Julien le précisera à la police, je ne sais pas pourquoi) et une casquette rouge lui aussi. Au croisement du chemin des Graves et de la route de Touty, ils doivent tourner à droite pour prendre la direction de l'abribus où les attendent Thomas, Étienne, Pierre, Vincent et sans doute Christophe (ça ne fait pas très 2004, ce sont pourtant les vrais prénoms), mais l'un des deux tourne la tête vers la gauche par hasard et aperçoit de la fumée, beaucoup de fumée qui semble s'échapper du toit d'une maison, des flammes aussi. Julien pense qu'il y a le feu chez lui, il court, Damien le suit mais non, c'est à côté, la vieille maison voisine, seulement séparée de celle de Julien par une clôture, il ne sait pas qui y vit puisqu'il vient d'arriver dans le quartier. Il entre prévenir en vitesse le copain de sa mère, Michel Kiwi est nu dans la salle de bains, il s'apprête à se laver, Julien lui crie que ça brûle à côté et pendant que Michel s'habille en vitesse il ressort et retrouve Damien dehors. Tous les deux se précipitent à côté, le portail est grand ouvert, à deux battants, ils avancent dans l'allée de gravier – de hautes flammes sortent du milieu du toit – jusqu'à la première porte qu'ils trouvent, celle de la véranda, à l'arrière de la maison, qui sert d'entrée principale depuis cinquante ans. Ils frappent à la vitre, crient, personne ne répond, la porte n'est pas verrouillée, ils entrent, font deux pas, une nouvelle porte fermée, celle qui donne à l'intérieur de la maison, ils frappent encore, crient encore, n'entendent rien, hésitent, ils ont peur, essaient la poignée, la porte s'ouvre et les deux casquettes rouges pénètrent prudemment dans la cuisine.

Julien entre le premier, Damien juste derrière lui. La pièce est dans la pénombre mais des flammes qui proviennent du couloir ou d'une chambre sur la droite permettent d'y voir à peu près clair. (Ils diront qu'ils ne distinguaient « pas de flammes, mais plutôt des lueurs qui étaient proches et arrivaient bien vite » – la porte de ce couloir pourtant semble fermée mais c'est comme si l'on voyait à travers, des petits carreaux de verre peut-être, pense Julien (il y avait bien des petits carreaux de verre mais ils ont fondu ou éclaté, ou vont fondre ou éclater sous peu, puisque quelques instants plus tard en tout cas, à l'arrivée des secours, il ne restera que le cadre et une traverse de bois à quarante ou cinquante centimètres du bas : les panneaux de verre, un grand et un petit en bas, auront disparu).) La première chose que les garçons remarquent, c'est le sang sur le carrelage de la cuisine, devant eux, beaucoup de sang, des flaques et des traces de glissades (du sang aussi sur la porte du four, sur celles du frigo et d'un placard bas, partout).

Ils n'osent pas avancer. Une chaise est renversée. Au fond, dans le coin opposé, près des flammes qui approchent à droite, ils aperçoivent un corps par terre, sur le ventre. « Monsieur ! Monsieur ! » Le bras gauche est replié sous le corps, le droit comme tendu vers eux. La tête – qui paraît sombre, brouillonne, ensanglantée – et le tronc sont dans la cuisine, les jambes dans une autre pièce à gauche, peut-être le salon ou le séjour. Julien appelle encore, d'une voix aussi forte que possible : « Monsieur ? Vous m'entendez ?! » Le corps ne bouge pas.

Les jeunes gens font demi-tour et se réfugient dans la véranda obscure, effarés, presque pétrifiés. Damien sort son portable de sa poche et appelle les pompiers. Il est 22 h 48. Il donne l'adresse, 28 route de Touty à Pompignac, explique rapidement la situation, son interlocuteur du centre de secours lui demande de sortir la personne au plus vite, comme il peut, de l'éloigner de la maison et d'attendre au bord de la route.

Julien et Damien retournent dans la cuisine, vaillamment. « Monsieur, il faut sortir ! » Ils s'approchent, sont obligés de marcher dans le sang, l'un derrière l'autre, ploc visqueux, ploc lugubre, avancent courageux en longeant la table couverte d'une toile cirée à fleurs, remarquent une cheminée (éteinte) sur la droite puis constatent que le corps devant eux porte une jupe, c'est une femme, une vieille femme apparemment, elle baigne dans le sang, on ne peut pas dire autrement, le sang qui s'écoule d'une large plaie à l'arrière du crâne, une grande flaque sous la tête, ses cheveux sont poisseux, imbibés, son dos aussi (elle porte une blouse en nylon), ses bras, même ses jambes : ils ne savent pas par où la saisir. « Madame ! » Damien s'est coupé aux mains en plusieurs endroits au cours de sa journée de travail à la Sobodec, il ne veut pas la toucher, il ne veut pas que ce sang de drame se mélange au sien. Sur une chaise à côté est posée une veste de lainage vert, ou un gilet : il s'en empare, l'enroule autour du bras droit inerte, l'empoigne et tire mais le corps est trop lourd. Il demande à Julien, immobile, sidéré, de l'aider, mais celui-ci ne sait pas non plus par où la saisir, refuse de toucher le bras gauche sanguinolent, prend le même que son copain, sur la veste verte, au niveau du coude, pas plus haut, et tous les deux, courbés en avant, collés l'un à l'autre, traînent péniblement la victime vers la porte en laissant une trace sanglante derrière eux, un chemin rouge de la largeur de la vieille dame, qui efface tout ce qui se trouvait en dessous. Ils ne savent pas si elle est morte ou non mais elle ne remue pas, ne gémit pas. Lorsqu'ils atteignent essoufflés la véranda, Michel Kiwi habillé à la hâte et la mère de Julien arrivent en courant, l'homme prend les jambes pour aider les garçons, une cheville dans chaque main, le collant est gorgé de sang, il n'y a plus de chaussures, et tous les trois (Damien a lâché le gilet vert près de l'entrée de la cuisine, il tient maintenant le poignet droit à même la peau, tant pis, Julien lui ne peut toujours pas se résoudre à prendre le bras gauche gluant, il attrape la blouse, bleue à motifs floraux rouges, au niveau de l'épaule, à deux mains, vite pleines de sang quand même) parviennent à la porter assez rapidement dans l'allée, face vers le sol, jusqu'au portail, où ils la posent – sur le ventre, pour que la plaie béante derrière sa tête n'entre pas en contact avec le gravier. Elle paraît morte.

La voisine de derrière, côté véranda, au-delà du jardin, Daniela Clémentine, les rejoint là, pousse un hurlement en reconnaissant au sol le corps de Marie Cescon, 88 ans, et se met à pleurer, presque en crise de nerfs. Michel tente de la calmer et lui demande s'il y a quelqu'un d'autre dans la maison qui n'est encore qu'à moitié brûlée, non, personne, Marie vit seule, s'il y a du gaz, oui, oui, une bonbonne, dehors. Elle le guide en tremblant jusqu'à une sorte de caisson de bois blanc, au pied du mur de la maison que longe l'allée et sous un escalier extérieur en colimaçon qui mène aux combles, Michel s'accroupit et en ouvre la petite porte, ferme le robinet de la bouteille, essaie d'ôter le tuyau, qui résiste, essaie de l'arracher, tire fort, demande à Damien de l'aider, à deux ils y parviennent et portent la bonbonne jusqu'au portail, près du corps de Marie. Daniela crie vers les deux maisons des sœurs Noisette, en face, de l'autre côté de la route de Touty : « Pauline ! Paulette ! Il est arrivé quelque chose à Marie ! Pauline ! » Pendant ce temps, la mère de Julien, Monique, a couru chez elle chercher une couverture, elle revient et couvre Marie, qui n'a toujours pas bougé.

Après l'appel de Damien et la mise en route à 22 h 54 de l'équipage dans le camion, le centre de secours des pompiers a prévenu à 22 h 55 le SAMU et le centre opérationnel de la gendarmerie de Bordeaux, qui alerte à son tour les gendarmes de Tresses, à trois kilomètres de Pompignac. Ce sont eux qui arrivent les premiers sur les lieux, à 23 h 05, ils sont deux. Pendant que son collègue et subordonné se penche sur la victime, l'adjudant Radis a la bonne idée, et le courage, d'entrer dans la maison en feu, premier depuis Julien et Damien, et d'y prendre quatre photos : une depuis l'intérieur de la véranda, où l'on voit d'importantes taches de sang sur l'angle gauche du mur où s'ouvre la porte de la cuisine ; une à l'entrée de la cuisine, où l'on voit le chemin de sang du corps traîné de la victime, et le gilet vert souillé laissé près de la porte ; une autre quelques pas plus loin, où l'on voit le plan de travail en face, la gazinière et l'évier sur la gauche, le frigo sur la droite, beaucoup de sang au sol dans cette zone, comme si on avait patiné dedans, et deux chaussons abandonnés là ; une dernière qui montre le coin opposé à la porte d'entrée, où l'on voit au premier plan une moitié de la table couverte de la toile cirée à fleurs, au-delà une chaise de cuisine renversée, au-delà encore l'endroit où les jeunes ont trouvé le corps, dans l'angle à deux ouvertures, l'une à gauche (vers où les jambes étaient étendues) après laquelle on ne distingue presque rien, c'est sombre, l'autre à droite : derrière la porte dont les carreaux de verre ont disparu, on aperçoit des flammes et des débris par terre, sans doute tombés du toit, dont une partie s'est effondrée. En prenant cette photo, l'adjudant Radis n'avait probablement pas conscience de l'importance qu'elle revêtirait des années plus tard.

Près du corps toujours inerte sont venus s'ajouter Pauline Noisette, épouse Cerise, et son mari Gilles, les voisins d'en face réveillés par les appels de Daniela Clémentine (Paulette née Noisette et Lucien Framboise, dont la maison est pourtant contiguë à celle des Cerise, ont le sommeil plus lourd), ainsi que Jean Prune, un autre voisin de derrière, près de chez Daniela – il est sorti de chez lui à 21 h 30 pour aller jouer au tennis à la « Plaine des sports » de Pompignac (« Il me semble avoir senti une faible odeur de fumée mais je n'en suis pas sûr »), et lorsqu'il est revenu peu après 23 heures, il a vu le petit attroupement devant chez sa voisine et s'est arrêté. Pauline Cerise, son portable à l'oreille, est en train de prévenir la famille : à 23 h 02, elle appelle Alain Laprie, l'un des neveux de Marie, qu'elle connaît (Pauline, plus qu'une voisine, est une amie proche de Marie, elle l'aide parfois à faire ses courses, elle lui rend des services), qui vit à Bordeaux et qui est considéré comme son « neveu préféré » : il ne répond pas, elle lui laisse un message sur son portable, puis un autre sur son fixe. Elle appelle ensuite Brigitte Avril, la sœur aînée d'Alain, à Bordeaux également, qui n'est pas encore couchée : elle lui apprend que sa tante « n'est pas bien » et que sa maison brûle. Brigitte lui passe son mari, Pierre, qui était en train de lire au lit et à qui Pauline explique à nouveau la situation.

À 23 h 09, les pompiers arrivent, suivis de près par les urgentistes du SAMU. Tandis que les uns puis les autres tentent de réanimer Marie Cescon (massage cardiaque, insufflateur d'oxygène – pour l'installer, il a fallu ôter de la bouche une moitié inférieure de dentier) et comprennent assez rapidement que c'est vain, laissant le médecin constater le décès, deux hommes casqués, le capitaine Cavoleau et le sapeur Morisset, pénètrent dans la maison (dont maintenant plus de la moitié est en feu) avec les lances. Ils bousculent la table de cuisine en entrant côte à côte et font tomber au sol l'autre moitié du dentier, la supérieure, qui était posée dessus. Pour s'approcher au plus près des flammes, ils cassent à coups de pied la traverse et une partie du cadre de la porte dont les carreaux de verre ont déjà été détruits. Ils ne mettront qu'un quart d'heure à circonscrire l'incendie – c'est rapide, ils sont forts. À 23 h 40, tandis qu'ils achèvent d'arroser les dernières braises, deux hommes arrivent en Mercedes blanche.

Ils se garent le long de la route, près du portail. Du siège passager descend Alain Laprie, du siège conducteur Pierre Avril, son beau-frère. Ils entrent dans l'allée et se dirigent rapidement vers les gendarmes.

Dès qu'elle a été prévenue par Pauline Cerise, Brigitte Avril a téléphoné à son frère Alain, à 23 h 04, mais il était en train d'écouter sa messagerie – sa femme et lui dormaient quand Pauline a laissé son premier message, ils ont été réveillés juste après par l'appel sur le fixe –, Brigitte a aussitôt essayé sur le portable de sa belle-sœur Mariane, qui lui a répondu. Pierre Avril était en train de s'habiller pour se rendre sur les lieux, il proposait de passer chercher Alain. Ce dernier se préparait aussi à partir, mais ce serait sans doute plus rapide en Mercedes, entendu, il l'attendrait devant la porte de chez lui. À 23 h 18 (je ne donne pas au hasard ces horaires si précis, pour faire le malin, c'est la téléphonie qui les indique), Pierre s'est arrêté devant chez Alain et les deux hommes sont partis à toute vitesse dans la nuit vers le drame de Pompignac.

Leur comportement, surtout celui d'Alain Laprie, va surprendre les enquêteurs. (L'un déclarera : « Nous avons été interpellés par deux personnes de type masculin. » C'est un enquêteur de type gendarme.) On en parlera encore des années plus tard, dans les rapports de synthèse et l'acte d'accusation : sans se préoccuper de l'état de sa tante, sera-t-il écrit, Alain Laprie insiste lourdement pour qu'on le laisse entrer dans la maison à moitié détruite, afin d'y récupérer des papiers importants, dit-il, de l'argent liquide (il affirme que sa tante conservait toujours plusieurs milliers d'euros chez elle), ainsi que sa tronçonneuse et sa débroussailleuse, qu'il a laissées dans la véranda. Il essaie successivement auprès de trois gendarmes, qui chacun leur tour le repoussent, en lui expliquant que ce n'est pas possible pour l'instant mais qu'il ne s'inquiète pas, la maison sera gardée toute la nuit, il pourra prendre ce qu'il veut, du moins ce qui lui revient, demain. Il paraît contrarié. Cette attitude intriguera beaucoup les enquêteurs qui, dès ces premiers instants, commencent à s'intéresser à lui. Il sera interrogé le lendemain matin à 10 heures, à la gendarmerie de Tresses.

Cette nuit-là, les gendarmes ne prennent les dépositions que de Julien et Damien, peu après minuit. Le maire de Pompignac est maintenant sur les lieux, le commandant de la compagnie de gendarmerie de Bordeaux aussi, comme les voisins d'en face Paulette et Lucien Framboise, qu'on a prévenus par téléphone, et le directeur des pompes funèbres d'Ambarès-et-Lagrave, à dix kilomètres de Pompignac : à 1 heure, il emporte le corps de Marie Cescon – après que l'adjudant Radis a pris trois photos d'elle, dont un gros plan de la large plaie sanglante à l'arrière de son crâne – pour le conduire à la morgue de Bordeaux. À 1 h 18, le dernier camion de pompiers s'en va. Alain Laprie et Pierre Avril remontent dans la Mercedes blanche quelques minutes plus tard et rentrent chez eux. Une équipe de gendarmerie reste sur place pour surveiller la maison. L'enquête débutera le lendemain matin à 8 heures, dès le lever du jour.

Les premiers enquêteurs n'ont aucun mal à déterminer d'où est parti le feu : dans la pièce mitoyenne à la cuisine, de l'autre côté du mur où s'appuie la cheminée, une chambre (les restes métalliques calcinés d'un sommier en témoignent) à laquelle on accède par le couloir d'où venaient les flammes quand Julien et Damien ont sorti le corps de Marie : c'est la pièce la plus dévastée, noircie, il ne reste quasiment rien, des bouts de ferraille, des morceaux de poutres brûlés et des tuiles tombées du toit, même la fenêtre et les volets ont été entièrement détruits. En interrogeant plus tard les voisins et la famille, ils apprendront qu'elle était séparée du couloir non par un mur mais, sur toute la longueur, par une cloison coulissante en plastique, genre à soufflet, en accordéon (qui s'ouvrait par le milieu et n'atteignait pas le plafond, le rail étant fixé trente ou quarante centimètres plus bas) ; qu'elle servait de chambre d'amis et n'était plus que très rarement utilisée, depuis des années. Marie y entreposait surtout des affaires qu'elle ne savait pas où ranger. On a sans doute mis le feu au lit.

L'incendie n'a ravagé qu'une partie de la maison : cette chambre, donc ; celle de Marie, située juste en face, de l'autre côté du couloir (une vraie pièce celle-là, à quatre murs et deux portes, l'une donnant dans le couloir, l'autre dans le séjour) ; et au fond la salle de bains, les toilettes et un débarras. Toute une partie du toit a brûlé et s'est écroulée, la partie centrale, au-dessus des deux chambres. La cuisine et le séjour ont été épargnés, on ne remarque qu'une sorte de léger voile de fumée, de suie, sur les murs et les meubles, surtout dans la cuisine. Dans le salon, au-dessus de la porte qui communique avec la chambre de Marie – les deux panneaux de contreplaqué ont brûlé et disparu (comme les carreaux de verre de l'autre porte), seuls subsistent le cadre et la traverse de bois plus robustes –, le mur est noir, la tapisserie carbonisée jusqu'au plafond, dont des éclats de plâtre sont tombés au sol. Pour le reste de la maison, on ne peut pas avoir de certitudes, mais ces deux pièces, la cuisine et le séjour, ne semblent pas avoir été fouillées.

On sait où le feu a pris, on sait aussi où l'agonie de Marie Cescon a probablement débuté : dans la véranda. Il y a tant de sang sur l'angle du mur avec la cuisine, à gauche de la porte lorsqu'on entre, qu'il paraît évident que c'est là qu'elle s'est ouvert l'arrière de la tête. Selon l'expert de projections et transferts de sang, il y a d'abord une trace de choc violent sur l'arête du mur, à 1,35 m du sol (Marie, selon l'autopsie, mesurait 1,55 m – 1,60 m sur son passeport de

2001), puis de frottement jusqu'au sol ou presque, comme si elle s'était affalée lentement le long de cet angle ; une large trace de contact, visiblement des cheveux ensanglantés, qui descend jusqu'à une trentaine de centimètres du seuil, indique qu'elle a dû bouger la tête contre le bas du mur puis se diriger péniblement, peut-être à quatre pattes, vers l'intérieur de la cuisine. Il semble assez facile d'imaginer la scène : elle était debout dans la véranda, tournée face à la porte qui donne vers l'extérieur, elle est « tombée » en arrière et sa tête a heurté le coin du mur, elle s'est effondrée.

Dans la cuisine, à 2,50 m en face de la porte, dans l'angle entre la gazinière et le plan de travail, une grande flaque de sang macule le carrelage, avec des traces de « patinage » qui témoignent d'efforts désespérés pour se relever. C'est là que Marie a perdu ses deux chaussons. Si je pense qu'elle est arrivée jusqu'ici à quatre pattes, c'est que les semelles de ses chaussons sont presque exemptes de sang ; d'autre part, sur le trajet depuis l'entrée, de nombreuses gouttelettes ont été projetées sur la porte du placard sous l'évier et sur celle du four, comme si elle avait secoué la tête en progressant. À partir de là, il est plus difficile de savoir ce qui s'est passé. Après le plan de travail et avant la porte qui donne sur le séjour, le bas du réfrigérateur est plein de sang. Elle semble avoir réussi à se redresser ici (la porte du frigo est légèrement entrouverte, comme si elle s'y était accrochée pour s'aider à se relever), avant de tomber à nouveau, vers l'avant : on trouve des traces sanglantes de contact ou d'appui sur le bord de la toile cirée de la table, en face du réfrigérateur, et sur une chaise, qui a reculé. Ensuite, on ne sait comment, Marie Cescon s'est retrouvée à plat ventre entre le séjour et la cuisine.

Lors de ces premiers moments d'investigation, les enquêteurs vont également découvrir deux choses primordiales : la première, c'est que les trois boutons de la gazinière sont en position ouverte, à fond. De toute évidence, quelqu'un a voulu faire exploser la maison.

À ce stade, puisque le coup à la tête paraît être plus ou moins accidentel, il peut encore rester la possibilité d'un suicide, même si une chance sur cent serait très optimiste (si tant est qu'on puisse parler de chance et d'optimisme à propos d'un suicide) : Marie aurait pu glisser et tomber dans sa véranda (elle marchait mal et se déplaçait avec une canne (mais pas chez elle), on en a trouvé trois dans la véranda, posées dans l'angle du mur près de la porte, et une par terre dans la cuisine, à droite en entrant, tombée entre la table et le mur), se rendre compte qu'elle venait de se porter un coup presque fatal et décider carrément d'ouvrir le gaz (plusieurs membres de sa famille affirmeront qu'elle était lassée de la vie et avait même évoqué explicitement l'idée de se suicider – encore cet après-midi-là), puis ramper jusqu'à la chambre et mettre le feu au lit pour être plus sûre. C'est pathétique et improbable, mais la vie en fait voir bien d'autres et se moque des probabilités. Cependant, la deuxième découverte des gendarmes va écarter définitivement cette poignante hypothèse.

Un seul meuble semble avoir été touché dans le séjour, un petit meuble qui est légèrement décalé du mur, plus d'un côté que de l'autre. Derrière, en bas, les enquêteurs remarquent une prise téléphonique dans le mur, et à l'intérieur, des annuaires. C'était le meuble du téléphone. Quelques questions à l'entourage suffiront à confirmer que sur la tablette supérieure était posé un modèle Celesta de France Télécom, blanc à grosses touches, pour les gens qui ne voient plus très bien (elle avait programmé trois numéros d'urgence, pour lesquels il suffisait d'appuyer sur une touche : ceux des couples Cerise et Framboise, et celui de son neveu préféré, Alain Laprie). Que Marie ait voulu se tuer à la fois par le gaz et par le feu après s'être ouvert le crâne, c'est déjà plus que limite, mais qu'elle ait pris soin au préalable, la tête en sang, de lancer son téléphone, d'un bras puissant, à quatre cents mètres dans un bois ou un lac, à une distance suffisante en tout cas pour qu'on ne le retrouve jamais, non.

Marie n'était pas seule. Elle a été agressée, tuée, on a mis le feu à sa maison.

D'autres bizarreries sont à noter dans les parages. Par exemple, dans l'allée, à quelques mètres de la maison, se trouve la grosse et vieille poubelle de plastique gris de Marie. Elle est aux trois quarts pleine. Tout au-dessus, les dernières choses jetées sont une poêle et une théière métallique. Pas de première fraîcheur, tachées, mais pas inutilisables non plus – les proches interrogés seront formels : Marie, qui était très économe, pour dire les choses gentiment, n'aurait jamais jeté des ustensiles qui pouvaient encore servir – même presque foutus, elle les aurait utilisés pour autre chose, selon l'une de ses nièces, pour le jardin ou les poules par exemple. Mais alors quoi ? L'assassin, après avoir vu sa victime agoniser dans son sang, mis le feu à la maison et ouvert le gaz, aurait pris soin de déposer dans la poubelle, en sortant après son crime, une théière et une poêle qui selon lui ne pouvaient décemment plus être admises dans une cuisine qui se respecte ?

D'autre part, le neveu Alain Laprie a déclaré, lors de sa déposition du 18 mars, qu'il était chez sa tante la veille, l'après-midi, pour couper du bois, et que lorsqu'il était parti, il avait laissé sa tronçonneuse, sa débroussailleuse, son mélange de carburant et ses vêtements de travail dans une caisse posée par terre dans la véranda. Or ni cette caisse ni ce qu'elle contenait ne s'y trouvent plus.

Dans la maison, parmi les choses notables, on découvrira deux mégots, l'un dans le foyer de la cheminée (près d'un paquet de Gauloises blondes vide) et l'autre sur le sol de la cuisine, près de la porte qui donne sur le couloir, c'est-à-dire près de l'endroit où se trouvait le corps de Marie – qui ne fumait pas (Alain Laprie non plus). Quand les nombreux débris calcinés qui encombrent les pièces détruites seront débarrassés, on trouvera une grosse boîte d'allumettes de cuisine dans la chambre d'amis, où l'incendie a débuté (elle sera écrasée mais curieusement pas brûlée, les vingt-deux allumettes encore à l'intérieur seront intactes). Et dans l'autre chambre, celle de Marie, on sortira des décombres un réveil à aiguilles (un ancien réveil, ou plutôt faussement ancien, made in China, avec deux petites cloches au-dessus comme des oreilles de Mickey), couvert de suie, semblant sortir d'un four où il aurait cuit, et arrêté à 7 h 55 – ou 19 h 55. Un gendarme, disciple de La Palice, écrira : « Le réveil fonctionnait avant sa mise hors service. » À 19 h 55, donc, certainement.

La journée du 17 mars n'a pas bien commencé pour Marie Cescon. Quand Pauline Cerise est passée la voir, le matin à 9 heures, elle l'a trouvée angoissée. Pauline a 57 ans et connaît Marie depuis 57 ans : elle est née dans la maison où elle vit encore aujourd'hui, l'année même où Maria, comme elle s'appelait alors, et Benvenuto, venus d'Italie, se sont installés juste en face de chez ses parents, après douze ans dans le Lot-et-Garonne. Ce matin-là, les deux femmes ont discuté une dizaine de minutes, Marie sort d'une gastro longue et pénible, qui l'a épuisée, elle a passé une mauvaise nuit, trop courte, elle s'est endormie très tard la veille, depuis quelque temps elle est préoccupée et cafardeuse, elle ne prend plus vraiment de plaisir à vivre, elle se plaint qu'on ne vient pas assez la voir, elle se sent seule.

Plus tard, dans l'après-midi, vers 16 heures, Pauline sort de chez elle pour aller au tabac du village. Dans l'allée de chez Marie, elle aperçoit un couple et deux enfants, près d'une voiture bleue. Elle ne les connaît pas, ne leur a jamais adressé la parole, mais elle sait qui ils sont : Christian Novembre, un neveu de Marie, fils de son frère Georges, sa femme Corinne et leurs deux garçons, dont l'aîné, adolescent, est handicapé.

Corinne est vendeuse dans une boutique, Christian maçon-carreleur, ils vivent dans le Lot-et-Garonne, à soixante-dix kilomètres de Pompignac, tout près de l'endroit où Maria et Benvenuto ont passé leurs premières années en France et se sont mariés. Lorsqu'ils se rendent à Bordeaux pour emmener leur fils chez le médecin qui le suit, ils passent souvent rendre visite à leur vieille tante, la « Tatie de Pompignac », sur le chemin du retour. Ce jour-là, ils avaient rendez-vous à 10 heures chez le docteur, ils se sont ensuite rendus à l'hôpital Saint-André, dont ils sont sortis vers 13 heures pour aller déjeuner à la cafétéria d'Auchan puis faire quelques courses dans l'hypermarché. À 15 h 28, ils ont appelé Marie pour savoir s'ils pouvaient passer la voir : oui, oui, elle les attendrait au portail. (La facture détaillée de sa ligne, la fadette, conservée dans le dossier d'instruction, s'arrête là : c'est le dernier coup de téléphone qu'elle a reçu (ou passé) de sa longue vie.) À 16 heures, ils y étaient, le portail était déjà grand ouvert, ils ont garé leur Renault 19 bleue dans l'allée de gravier.

Alain Laprie, autre neveu de Marie, fils de sa sœur Anne, a décidé de passer la voir cet après-midi-là aussi, et d'en profiter pour débroussailler et couper du bois dans la parcelle de terrain (boisé, donc) que sa tante lui a offerte il y a quelques années, tout près de chez elle. Il a le temps : depuis qu'il a déposé le bilan, fin 2003, de la société qu'il avait créée en 2001 (après des recherches en partenariat avec le CNRS, il avait déposé le brevet d'une sorte de mallette qui permet de transporter des poches de sang plus sûrement et plus efficacement) et qu'elle a été reprise, renommée et relancée par l'un de ses amis, François Février, il y travaille encore mais presque en dilettante, en tant que « responsable du développement commercial », au black. Le mercredi après-midi, Valentin, le fils de 6 ans qu'il a eu avec son épouse Mariane, est aux JSA (les Jeunes de Saint-Augustin), un centre aéré à Bordeaux, Alain peut donc aller passer quelques heures à Pompignac.

Il passe près d'Yvrac, à quatre kilomètres de chez Marie, lorsqu'il reçoit sur son portable un appel professionnel, à 16 h 29. On peut supposer qu'il s'arrête au bord de la route. L'appel dure vingt et une minutes. À 16 h 50, il repart, arrive donc route de Touty vers 16 h 55 ou 17 heures, emprunte un chemin qui longe la propriété de sa tante et gare sa grosse Volvo gris clair, voiture de société, près du petit bois dans lequel il va travailler, non loin de la maison de Daniela Clémentine. Il entre dans le jardin de Marie par l'arrière, en empruntant un portillon (sur le plan qui figure au début de ce livre, nous avons dû rétrécir, presque annuler ce jardin, pour que la maison ne soit pas trop petite, mais en réalité, il y a près de trente mètres d'herbe et d'arbres, avec une remise et un poulailler, entre le portillon et la véranda), il voit la Renault bleue de son cousin du Lot-et-Garonne dans l'allée et entre dire bonjour à tout le monde dans la cuisine. Debout devant le frigo, il discute avec eux pendant quelques minutes, puis s'en va vers son bois. Ils sont assis à table, autour de la toile cirée à fleurs. Christian et Corinne Novembre diront que durant le temps qu'ils ont passé là, ils ont fumé deux Gauloises blondes chacun, et ont jeté les mégots dans la cheminée (c'est l'un des petits mystères de cette affaire qui en grouille : dans l'âtre, on n'en retrouvera qu'un seul). Marie a sorti des gâteaux secs et du sirop pour les garçons, du vin blanc pour les grands. On retrouvera la bouteille vide dans la poubelle grise dehors, sous la poêle et la théière.

Selon ce dont se souviendra Christian Novembre, auditionné trois semaines après les faits, sa tante est un peu triste ce jour-là, elle en a « marre de la vie », mais il n'y attache pas grande importance car ce n'est pas la première fois qu'elle parle de mourir plutôt que rester seule, et au cours de l'après-midi, elle ne leur fait part « d'aucune inquiétude particulière ».

Gisèle Octobre, une autre voisine de Marie, qui avait rendez-vous chez son médecin, à Tresses, à 18 heures, est ensuite passée acheter des médicaments à la pharmacie d'Yvrac : lorsqu'elle revient chez elle, à 18 h 30, elle voit une voiture bleue garée dans l'allée de chez Marie. C'est celle de la famille Novembre. (Christian dira pourtant qu'ils sont partis à 18 heures, car ils avaient du monde à dîner le soir chez eux, dans le Lot-et-Garonne, à une heure dix de route.)

Peu après, vers 18 h 35, Paulette Framboise traverse la route pour aller voir sa vieille amie et papoter un peu : elle avait d'abord essayé à 17 heures mais, constatant que Marie avait de la visite, elle s'était ravisée. Maintenant que la voiture bleue est partie, elle prend son tour. Lorsqu'elle entre dans la maison, Marie lui demande si elle veut s'installer dans le salon, regarder la télé, discuter, mais Paulette préfère qu'elles restent dans la cuisine, elle ne peut pas s'attarder, son mari Lucien l'attend à 19 heures pour regarder « le jeu d'Arthur », *À prendre ou à laisser*, « les boîtes », sur TF1.

Quelques minutes plus tard, Marie lève la tête vers la véranda et dit : « Ah, voilà Alain qui revient. » Le neveu entre, salue Paulette, se lave les mains dans l'évier, échange quelques mots avec elles puis sort pour se changer et ranger ses outils. À 19 heures, comme prévu, Paulette (qui va au moins rater le générique, avec les boîtes bleues qui tombent et s'ouvrent (en juillet 2004, elles se mettront à chanter, « Ça c'est sûr on va gagner ! », mais ce n'est pas très intéressant)) quitte Marie pour rentrer chez elle et rejoindre son Lucien sur le canapé. Elle dira que ce soir-là elle a trouvé sa voisine « gaie, rayonnante ». En sortant de la véranda, elle voit Alain dans la remise, de l'autre côté de l'allée de gravier, où se trouvent entreposés toutes sortes de bricoles, de vieux outils et du bois. (Sa sœur Pauline confirme. À 18 h 45, elle est sortie de chez le coiffeur de Pompignac. Un peu plus tard, en passant devant le portail de Marie pour rentrer chez elle, elle aperçoit, devant la véranda, la vieille dame qui discute avec son amie, et son neveu dans « la cabane en bois ».) En partant, Paulette dit à Alain, en s'arrêtant deux secondes : « Je suis contente, elle va beaucoup mieux, elle est bien guérie de sa gastro ! » Alain acquiesce en souriant, ils se disent au revoir, Paulette sort par le portail ouvert. Ensuite, il ne reste plus qu'Alain pour raconter.

Il dira qu'après avoir rangé du bois dans la remise, il a apporté des sarments de vigne à sa tante, qu'il a laissés dans la cagette prévue à cet effet dans la véranda (dans une autre caisse à côté, il a déposé le pull jaune et le jean déchiré qu'il enfile habituellement quand il travaille dans son bois, sa tronçonneuse, sa débroussailleuse, et le bidon de mélange d'essence et d'huile deux-temps), puis il est rentré discuter avec Marie dans la cuisine. Ils parlent d'un chèque qu'elle vient de recevoir de son assurance, GAN, 1 400 euros : quelques mois plus tôt, elle a porté plainte contre son neveu et filleul, Pascal Mars, qu'elle accusait de lui avoir volé 3 000 euros en liquide un jour où il était passé la voir, l'enquête de gendarmerie n'a pas abouti mais l'assurance a remboursé une partie. Alain prend connaissance du chèque (il s'occupe d'une bonne partie des papiers et démarches de sa tante) et le range, croira-t-il se souvenir, dans le tiroir d'un meuble de la cuisine, près du réfrigérateur (on ne l'y retrouvera pas). Ils évoquent ensuite les impôts de Marie, ils passent dans le séjour pour jeter un coup d'œil à sa déclaration, qui est posée sur la table, et Alain promet de revenir la semaine suivante pour aider sa tante à la remplir – sans doute lundi, puisqu'il doit l'accompagner à la poste, où elle a pris rendez-vous. À 19 h 30, quand la nuit commence à tomber (le 17 mars 2004, le soleil s'est couché à 19 h 11), Alain prend congé de Marie. Elle n'est pas très bien quand il part, mais c'est comme ça chaque fois, car elle n'aime pas être seule.

Alain Laprie s'en va par l'arrière du jardin, le portillon au fond, monte dans sa Volvo garée près du bois, prend le chemin qui rejoint la route de Touty, et s'éloigne vers Bordeaux. Il roule jusqu'à Mérignac, à l'ouest de ville, où se trouvent les locaux de son ancienne société, reprise par son ami François : il lui a promis de débarrasser de nombreux cartons de documents administratifs et papiers divers qui lui appartiennent, il le fait en plusieurs fois, petit à petit. Il en charge quelques-uns dans sa voiture, avec l'intention d'aller les déposer le lendemain chez sa mère (plus exactement dans un ancien poulailler à côté de chez elle, où il entrepose ses archives), et prend la direction de son domicile. À 20 h 49, il appelle sa femme, Mariane, pour lui dire qu'il arrive, elle peut faire chauffer le dîner (la communication dure douze secondes). Son téléphone déclenche alors un relais à Bordeaux. À 20 h 58, en consultant son suivi consommation il déclenche le relais qui couvre son quartier, il est probablement garé. (Les enquêteurs referont ce trajet. Ils partiront à 19 h 27 de Pompignac, arriveront à 20 h 07 devant les bureaux de la société à Mérignac, repartiront à 20 h 10 et atteindront le domicile d'Alain Laprie à 20 h 29. Si l'on ajoute du temps pour choisir et transporter des cartons jusqu'à la voiture (« un quart d'heure ou vingt minutes, pas plus », dira-t-il lors de sa première déposition), et si l'on tient compte du fait que la place de Stalingrad et ses alentours étaient très encombrés le 17 mars à cause des fêtes de la Saint-Patrick, cela correspond assez précisément.) Avant de dîner (à peine plus tard que l'heure habituelle chez les Laprie : 21 heures), il appelle sa mère, Anne, pour l'avertir qu'il passera la voir le lendemain pour déposer les cartons. Alain et Mariane (qui confirmera lors de sa première déposition que son mari, en rentrant, lui a dit avoir « fait du bois » dans l'après-midi chez Marie, puis être passé à Mérignac récupérer des cartons) se couchent vers 22 h 15 ou 22 h 30. Ils dorment lorsque Pauline Cerise, debout horrifiée près du portail de sa voisine, tente de les joindre, Mariane décroche quand Brigitte Avril, la sœur d'Alain, téléphone à son tour pour lui dire que la tante « a un problème » et que sa maison est en feu, ensuite Alain part avec son beau-frère Pierre, et Mariane reste seule avec le petit Valentin qui dort. Elle n'apprend la mort de Marie qu'à 23 h 50, quand Alain l'appelle depuis l'allée de gravier.

Dans les heures qui ont précédé, à Pompignac, personne n'a rien remarqué.

Vers 20 h 35, Paulette Framboise est sortie de chez elle pour fermer ses volets, après le jeu d'Arthur et le JT de PPDA. Il faisait bon, la nuit était étoilée, elle est restée « quelques minutes » dehors pour en profiter, face à la route de Touty. Tout était calme, silencieux. Sur sa gauche, son voisin et beau-frère, Gilles Cerise, fumait une cigarette sur son perron, elle n'a pas voulu le déranger en lui adressant la parole, mais rien ne semblait le troubler lui non plus, or sa maison est juste en face de celle de Marie. Avant de rentrer, Paulette a vu une voiture sombre s'engager sur le chemin qui longe le jardin de Marie et mène chez Daniela Clémentine ou au bois d'Alain. Elle apprendra le lendemain qu'il s'agissait de celle de Thierry Cassis, qui habite à côté de chez Daniela. Il rentrait du travail, et dira n'avoir rien remarqué de particulier en passant – ce dont il sera sûr, c'est qu'il n'y avait pas de voiture garée dans le chemin, à l'endroit où se trouvait celle d'Alain Laprie dans l'après-midi.

Paulette sera réveillée par le téléphone à 23 h 40. Thierry Cassis dormira jusqu'au lendemain.

Pauline Cerise, contrairement à son mari, n'est pas ressortie de chez elle, elle s'est couchée à 21 heures, sans avoir rien remarqué ni entendu. Elle sera réveillée par les cris de Daniela Clémentine vers 22 h 55 : par la fenêtre, elle verra plusieurs personnes près du portail, elle sortira de chez elle en vitesse et appellera les Laprie quelques instants plus tard.

Daniela Clémentine, dont les fenêtres donnent sur l'arrière du jardin de Marie (dans l'après-midi, elle a vu la voiture d'Alain garée non loin de chez elle, et entendu les bruits de tronçonneuse dans le petit bois), a fermé ses volets à 19 heures, a couché ses enfants à 20 h 45 et s'est installée devant la télé. Deux heures plus tard elle entendra « un grand bruit sourd » (certainement l'effondrement d'une partie du toit de Marie), montera au premier étage pour regarder par la fenêtre de la salle de bains, verra les flammes, se précipitera dehors et atteindra l'allée quand Damien, Julien et Michel Kiwi seront en train de porter le corps inanimé de sa voisine vers le portail.

À 22 h 15, une 306 blanche que personne n'a vue a ralenti devant chez Marie Cescon et s'est arrêtée un peu plus loin, près de la maison d'à côté. Un jeune homme est sorti du côté passager, Julien, il est entré chez lui pendant que son ami Damien continuait au volant, puis tournait à droite dans le chemin des Graves, pour aller téléphoner à sa copine. Pendant ce temps, Châteauroux menait 1-0 contre Monaco – un but de Sidibé à la vingtième minute, Châteauroux est en Ligue 2, c'est la surprise de ces quarts de finale de la Coupe de France (l'entraîneur de Monaco, Didier Deschamps, a regretté « le manque d'envie » de ses joueurs).

L'enquête démarre mollement. En tout cas, techniquement, les gendarmes n'ont pas beaucoup d'indices à moudre : on ne trouve aucune empreinte utilisable dans les pièces épargnées par le feu, la cuisine et le séjour (ce qui est trop étrange pour être vrai, en fait il y en a sans doute trop, plutôt), et quasiment pas d'ADN, hormis celui de Marie Cescon dans tous les échantillons de sang prélevé, et deux qui ne lui appartiennent pas : un ADN féminin sur le mégot trouvé dans l'âtre de la cheminée (très probablement celui de Corinne Novembre), et un masculin sur le mégot trouvé au sol près du corps – peut-être celui de son mari Christian, mais que ferait-il par terre ? De façon assez incroyable (je trouve), on ne vérifiera rien, on ne réclamera aucune analyse comparative de ces ADN pendant trois ans, jusqu'au printemps 2007, quand on testera Corinne et Christian Novembre (ce qui peut d'ailleurs sembler ridicule, puisqu'on *sait* qu'ils étaient sur place l'après-midi). On prend tout de même et au moins soin de prélever celui d'Alain Laprie, le 23 juin 2004. (Pourtant là encore, sa présence sur les lieux ne fait aucun doute, ce test ne sert à rien, mais on cherche certainement à mettre la pression sur lui. C'est déjà ça.)

À défaut d'éléments concrets, les soupçons et témoignages ne manquent pas. Et ceux que récoltent et engrangent les gendarmes désignent, prudemment d'abord, le même homme : Alain Laprie. Mais avant même les premières dépositions de l'entourage, le juge d'instruction et l'adjudant X, qui dirige l'enquête, l'ont placé au centre de leurs préoccupations. Il est interrogé à la gendarmerie dès le lendemain du meurtre, le 18 mars 2004 à 10 heures du matin (tandis que Christian Novembre, qui pourtant était lui aussi chez Marie l'après-midi de sa mort, ne déposera que le 7 avril, sans parler de sa femme Corinne, qui sera convoquée pour la première fois le 9 mai 2007, pour le prélèvement de son ADN, et auditionnée seulement le 6 mai 2009, soit plus de cinq ans après les faits). Ce qui a tout de suite orienté l'enquête sur lui, c'est qu'il est, comme le dit un rapport de synthèse de l'adjudant X, « la dernière personne à avoir vu la victime vivante », mais c'est surtout son attitude le soir des faits qui a fait froncer des sourcils sous les képis : pourquoi vouloir à tout prix, au point d'insister auprès de trois enquêteurs différents, et sans se soucier de l'état de sa tante, pénétrer dans la maison pour y récupérer des documents ? Quels documents ? Que craignait-il qu'on trouve ? Et puis lorsqu'on fait un premier inventaire sommaire des objets absents, on se rend compte qu'il manque principalement sa tronçonneuse, sa débroussailleuse, ses vêtements de travail et son mélange de carburant (on a retrouvé des traces d'accélérant dans la cheminée – selon l'expert, il peut tout à fait s'agir d'un mélange deux-temps). Quel assassin laisserait tout ce qui se trouve dans la maison qu'il va incendier (dans le débarras, qui n'a pas entièrement brûlé, on a récupéré une enveloppe contenant 820 euros en billets, et un porte-monnaie de cuir marron contenant 77 euros en pièces) et prendrait la peine d'emporter deux gros outils, un bidon d'essence et de vieux vêtements ? Quant au téléphone, si le meurtrier incendiaire a pris soin de l'emporter, c'est probablement parce qu'il avait peur que Marie, qui le connaissait bien, n'ait la force de le dénoncer avant de mourir – de plus, seul un très proche pouvait savoir que des numéros d'urgence, facilement accessibles, étaient programmés sur les grosses touches. Enfin, très bientôt, les gendarmes découvriront qu'une autre chose ayant un lien direct avec Alain Laprie a disparu. Depuis 1998, Marie avait fait de son neveu préféré, qu'elle aimait beaucoup, son unique héritier. Mais récemment, elle avait « changé son fusil d'épaule », comme dira sa sœur Josy Décembre : dans un tiroir du buffet du séjour, elle avait rangé un projet de testament qu'elle comptait aller déposer chez son notaire, et qui le déshéritait entièrement au profit d'autres membres de la famille. Il ne s'y trouve plus.

Le 20 mars 2004, une information judiciaire contre X pour homicide volontaire est ouverte. Ce même 20 mars, quatre jours avant l'enterrement de Marie Cescon, les téléphones fixe et portable d'Alain Laprie sont déjà placés sur écoute. (Sur commission rogatoire du juge d'instruction, on fait de même avec la ligne de Pascal Mars, le filleul de Marie, qu'elle soupçonnait de lui avoir volé 3 000 euros en octobre 2003 : sa plainte a vite refait surface à la gendarmerie de Tresses. Mais lui, Pascal, vraisemblablement, c'est plutôt pour le principe.)

Le surlendemain de la mort de Marie Cescon, l'autopsie pratiquée à l'institut médico-légal de Bordeaux ne révèle pas grand-chose. Elle n'a qu'une plaie, à l'arrière du crâne, impressionnante, dix centimètres de long, mais ce n'est pas ce qui a causé sa mort. Elle est décédée d'une intoxication à la fumée et/ou au gaz – l'état de grand affaiblissement dans lequel elle se trouvait après avoir perdu beaucoup de sang n'a pas aidé.

Les deux médecins légistes ne peuvent pas se prononcer formellement sur l'origine de la plaie, l'hypothèse la plus probable étant qu'elle résulte d'une chute en arrière avec un choc, sans toutefois que l'on puisse tout à fait exclure qu'il s'agisse d'un coup porté avec un objet contondant. Dans cette plaie, on retrouve de petits fragments de quartz, correspondant probablement à du verre (les légistes, qui n'ont pas eu précisément connaissance des débuts de l'enquête, suggèrent qu'ils soient analysés, mais ils proviennent sans doute des petits carreaux de verre de la porte au pied de laquelle Marie était allongée sur le ventre), ainsi que des gravillons, un peu de terre et des débris végétaux de très petite taille, ceci, selon les experts, provenant très certainement de l'allée, quand les pompiers ont retourné Marie pour tenter de la réanimer.

Sur le corps de Marie, on remarque plusieurs ecchymoses, la plupart ayant manifestement été causées par le transport de son corps hors de la maison et jusqu'au portail. Mais sur les deux bras, au premier tiers en partant de l'épaule, au niveau des triceps, on note à droite trois marques rondes appuyées et rapprochées, quatre à gauche : ce sont de toute évidence des traces de doigts. Julien et Damien en sont certains, ils n'ont pas tenu le corps de Marie à cet endroit, pas plus haut que le coude. C'est donc que quelqu'un qui se trouvait en face d'elle l'a saisie fortement à deux mains.

L'estomac, dont l'examen est toujours important, ne contient qu'un peu de « liquide rosé épais », ce qui indique que la victime n'a pas ingéré de vrai repas le soir de sa mort.

Le dimanche 21 mars, Alain Laprie et sa sœur Brigitte Avril se rendent chez leur oncle Georges Novembre, le frère de Marie, benjamin de la fratrie et père de Christian, pour parler des obsèques et de l'héritage. Marie n'a pas eu d'enfant et laisse beaucoup d'argent derrière elle : plusieurs comptes en banque, le terrain sur lequel se trouve sa maison détruite, et un plus grand, constructible, à quelques pas. Ce jour-là, Alain, légataire universel, propose un drôle d'arrangement : si un frère ou une sœur de la défunte hérite de sa « fortune », les frais de succession seront bien moindres que si c'est lui, le neveu ; il envisage donc de renoncer au testament qui le désigne, pour que les héritiers légaux bénéficient de la succession en payant moins d'impôts et puissent répartir l'argent entre eux et leurs enfants, les neveux et nièces. Personne alors ne sait si c'est possible ou non.

Le lundi 22 mars, Alain retourne seul chez Georges, qui vit avec sa femme Régine dans le village du Lot-et-Garonne où Maria et Benvenuto se sont installés à leur arrivée en France, près de Marmande, et où une bonne partie de la famille habite encore. En vue des obsèques qui auront lieu le surlendemain dans ce même village, il doit faire signer à son oncle l'autorisation d'ouverture du caveau familial, que lui seul peut donner. Il est midi, Régine a préparé à manger, ils déjeunent ensemble. Les deux hommes discutent.

Marie est inhumée le mercredi 24 mars 2004, une semaine après sa mort. Tous ses proches sont là, ses sœurs cadettes Anne Laprie (avec ses enfants Brigitte, Alain et leurs conjoints) et Josy Décembre (avec sa fille, bien qu'elles soient brouillées), les Novembre, Georges et Régine, leurs trois enfants, dont Christian en famille, ses voisines, Daniela Clémentine et les sœurs Noisette, épouses Cerise et Framboise, ses amies Gisèle Octobre et Claudette Janvier, un cousin éloigné qui l'avait retrouvée récemment, Anatole Poivron, et bien des gens du village qui l'ont connue –

l'atmosphère est lourde, ce n'est pas une mort ordinaire, certains parlent encore vaguement de suicide possible, car ils n'ont pas tous les détails, mais au fond on sait bien que non, on sait bien que la vieille et gentille Marie a été assassinée et qu'on a voulu faire disparaître son cadavre et sa maison. (Christian Novembre dit même à ses parents : « Je vous parie que c'est ce con d'Alain qui a fait ça. ») On commence à évoquer, devant le caveau, un testament « de dernière minute », l'information circule, c'est plutôt une rumeur – les seules vraiment au courant sont apparemment Gisèle Octobre et sa fille Cécile, qui l'auraient aidée à le rédiger car Marie écrivait très mal. Mais ce dont on parle le plus, c'est le cercueil. Plusieurs personnes le décriront plus tard aux gendarmes comme « une vulgaire caisse en bois ». Tout le monde ou presque est choqué. C'est Alain Laprie et sa sœur qui l'ont choisi.

Maria est née le 29 novembre 1915 à Sarmede, en Italie, dans la province de Trévise, au nord de Venise. Son futur mari, Benvenuto Cescon, avait alors six ans et vivait à une quinzaine de kilomètres de là. Quinze ans plus tard, ils se sont peut-être croisés dans un bal de village, ou peut-être – je ne sais pas – un peu plus tard encore, en France, du côté de Marmande. Car au début des années 1930, comme toute une vague d'Italiens alors, qui fuyaient le régime fasciste, la pauvreté, le manque d'avenir, la famille de Maria a migré vers le Sud-Ouest français, le Gers et le Lot-et-Garonne, où elle a retrouvé beaucoup de compatriotes, loin de chez eux mais regroupés, réconfortés. Maria est l'aînée de la fratrie : Josy est née en 1920, Bernadette en 1922 (elle perdra la vie dans un accident de voiture en 1972), Anne en 1923 et Georges, qui était tout petit lors du voyage, en 1928.

C'est là, à Romestaing, que Benvenuto et Maria se sont mariés, le 26 septembre 1934. Ils ont commencé à travailler, lui comme ouvrier agricole, elle comme employée de maison, puis se sont mis ensemble au service d'une famille, et enfin sont partis s'installer à Pompignac en 1947, tous les deux, quand quasiment toute la famille restait près de Marmande. Avec leurs treize ans d'économies, ils ont acheté une petite maison – celle qui brûlera plus d'un demi-siècle plus tard. Sur les documents de l'époque, Benvenuto est tantôt « maçon », tantôt « cultivateur » ; Maria, elle, fait des ménages. Le 25 juillet 1952, ils sont naturalisés français et deviennent Marie et Bienvenu. Il a 43 ans, elle 37, ils n'ont pas eu d'enfant, ils n'en auront pas. Mais ils vont se faire une belle vie, intelligemment, astucieusement.

Dès 1956, ils commencent à acquérir autour de chez eux des terrains qui ne valent presque rien, moins que des prunes ou des nèfles. Ils ont du courage au travail, de l'intuition, du flair, et surtout un bon sens du commerce. Par exemple, la première grande parcelle qu'ils ont achetée, en juin 1956, leur a coûté 300 000 anciens francs (pour comparer, cette année-là, une 2 CV basique valait 370 000 francs) ; ils l'ont divisée en deux et, cinq mois plus tard, en novembre de la même année, en ont revendu la moitié, pile, pour la somme suivante : 300 000 anciens francs. (À la mort de Marie, ce terrain qu'ils avaient payé moins cher qu'une petite voiture ordinaire a été estimé à plusieurs centaines de milliers d'euros.) Et ils ne se laissaient faire par personne : contre ces premiers acheteurs, le couple Mai, ils ont engagé une procédure qui a duré plus de vingt-cinq ans, d'expertise en expertise et de procès en procès, pour une histoire de clôture que les Mai auraient élevée sur une partie du terrain qui appartenait encore aux Cescon. Il s'est avéré que les acheteurs étaient en fait dans leur droit, pourtant Marie et Bienvenu ont insisté et la justice a fini par leur donner raison : en 1991, ils ont obtenu le droit de détruire la clôture, et 3 000 francs de dommages et intérêts. Après presque trois décennies de lutte, monsieur Mai est mort trois mois plus tard.

Les gendarmes qui enquêtent sur le meurtre de Marie ont établi, en deux colonnes, la liste des nombreux terrains qu'ont achetés et vendus les Cescon de 1956 à 1999. À l'achat, après conversion des anciens francs utilisés jusqu'en 1960, ils ont dépensé au total 14 250 francs ; à la vente, ils ont récolté 965 000 francs, soixante-huit fois plus. Et la valeur des parcelles qui restaient à Marie, veuve depuis 1993, n'a fait que croître au début du XXIe siècle, le prix de l'immobilier à Bordeaux augmentant et les citadins ayant des envies de nature et de calme à quelques kilomètres du bureau, la mairie de Pompignac a suivi le mouvement et beaucoup de terres boisées ou en friche sont devenues constructibles. À son décès, il ne restait à Marie qu'une seule parcelle (en dehors de celle sur laquelle elle vivait dans sa petite maison), une partie de la toute première que le couple avait acquise en 1956, environ un tiers, un genre de pré avec quelques arbres. En 2011, le juge d'instruction a demandé une estimation au Domaine : le pré valait désormais 340 000 euros. Environ 420 000 euros aujourd'hui, dix ans plus tard. Soit 279 millions d'anciens francs. Soit encore, pour l'ensemble du terrain de l'époque, trois fois plus grand : 2 790 deudeuches.

Avec tout l'argent si ingénieusement engrangé au fil des années, Marie et Bienvenu ont pu s'offrir de bons moments, ils en ont profité, ils ont voyagé, ils ont fait des croisières – dès qu'ils avaient besoin d'argent, ils revendaient un terrain (la moitié des voisins de Marie vivent sur des terrains qu'ils ont achetés au couple, ou à elle seule après le décès de Bienvenu, Daniela Clémentine et Thierry Cassis par exemple, en 1999, ou Gisèle Octobre avant eux). Le jour de sa mort, Marie avait encore 90 000 euros en banque.

De toute la famille venue d'Italie, ils sont à peu près les seuls à avoir vraiment « réussi » – avec Alain Laprie, dans un autre genre : il possède une maison et un appartement à Bordeaux, la grande ville, celle des bourgeois, il a été chef d'entreprise, sa femme Mariane occupe un poste de direction au service informatique d'une grande entreprise, ils mènent une existence confortable, agréable –, les autres ne sont pas malheureux, vivent correctement, mais ce n'est pas pareil, rien n'a vraiment changé pour eux.

Les fruits récoltés tout au long de leur belle vie par Marie et Bienvenu vont se gâter, à la fin, pourrir et tout empoisonner. L'argent de Marie fait des envieux, des jaloux parfois, des profiteurs, crée des rancœurs. Ses billets de francs puis d'euros bruissent autour, dans la campagne. Pourtant, si elle n'est pas dépensière (elle porte de vieux vêtements, mange peu, son intérieur est très modeste, il y fait froid en hiver car elle n'allume jamais les radiateurs électriques et ne veut pas gaspiller le bois, pas plus d'une bûche par soir), si certains même la disent radine, elle sait se montrer généreuse : depuis que Bienvenu n'est plus là, elle a fait des cadeaux à toute la famille, elle a offert une voiture à son frère Georges Novembre, deux croisières à sa nièce Brigitte Avril (une dans les Caraïbes en 2001, une en mer Baltique en 2002), des chèques de plusieurs milliers d'euros à son neveu Alain Laprie et 8 000 euros à chacun de ses enfants d'un premier mariage, elle prête de l'argent quand on lui en demande, 30 000 francs à son neveu Christian Novembre, la même somme aux deux autres enfants de Georges, elle a aidé son filleul Pascal Mars à payer ses factures quand il a été licencié, payé un voyage organisé à Jeanne Pomme, une amie qui l'aidait à faire ses courses, dans le débarras à demi incendié on a retrouvé une reconnaissance de dette de 5 000 francs signée dix ans plus tôt par une autre amie, Claudette Janvier, et les exemples de ses largesses sont encore nombreux.

Le problème, c'est que toutes les relations sont faussées par cette source presque inépuisable d'argent, dans un environnement financièrement assez aride. Et ce problème n'est pas unilatéral. Il est évident que si la famille et les amis entourent affectueusement Marie, si on lui fait ses courses, si on lui téléphone régulièrement et si on vient souvent lui rendre visite pour prendre un café ou un verre de blanc, ce n'est pas toujours ou pas seulement par amour pour la doyenne et matriarche (son « amie » Gisèle Octobre insiste lourdement auprès de celle qui lui a vendu son terrain et sa maison pour qu'elle paie l'élargissement du chemin qui y mène ; Alain Laprie accepte de bon cœur les chèques qu'elle lui signe en récompense des services qu'il lui rend ; son lointain cousin Anatole Poivron, qui ne l'avait pas vue depuis son enfance, avait 73 ans lorsqu'il l'a « retrouvée » en 1999 et se met à l'appeler et à passer la voir un peu trop souvent, à s'intéresser d'un peu trop près à ses comptes pour que ce ne soit dû qu'à la tendresse qu'il porte à la Tatie de Pompignac (il dira d'elle aux gendarmes : « Elle était à la tête d'une fortune mais elle ne savait pas compter, elle ne savait pas gérer son argent, pour moi elle n'était pas très intelligente »)), les rumeurs bourdonnent autour d'elle, on la dit multimillionnaire, certains membres de la famille évoquent des bons au porteur d'une valeur de 300 000 francs qu'elle aurait donnés à Alain Laprie et qu'il refuserait de lui rendre, sa sœur Josy Décembre estime même ces bons à 1,5 million de francs ; on murmure, on grince, on la courtise, on se regarde de travers. Mais Marie n'est pas non plus étrangère au problème : se sentant de plus en plus seule, de plus en plus en faible, angoissée par la perspective d'être « abandonnée », elle achète l'attention de son entourage. Elle donne mais attend de la reconnaissance en retour – et de la reconnaissance concrète, tangible, elle veut qu'on lui rende les services qu'elle réclame, elle veut une attention assidue, des visites fréquentes. Et si l'on ne réagit pas comme elle l'attend, elle boude et supprime l'ingrat ou l'ingrate de la liste de ses favoris, puis n'a de cesse de le ou la critiquer devant ceux qui sont encore dans ses bonnes grâces – et elle n'a pas le verbe tendre. La vieille dame faible et malheureuse dirige son monde. (Du moins ceux et celles de son monde qu'elle peut contrôler en faisant miroiter son or. Avec les autres, qui n'attendent rien d'elle, par exemple les sœurs Noisette, Cerise et Framboise, ou Daniela Clémentine, tout est simple, normal, sain.) La place de « préféré » est difficile à tenir. Jusqu'en 1998, son légataire universel était son frère Georges Novembre (au détriment de tout le reste de la famille) ; mais lorsqu'elle lui a acheté une belle voiture et qu'il ne s'est pas montré plus attentionné pour autant, elle l'a déshérité au profit d'Alain Laprie (c'est du moins la raison invoquée par ce dernier), qui est alors devenu son chouchou : c'est à lui qu'elle demandait de s'occuper d'à peu près tout, mais trois ans plus tard, elle l'a soupçonné de lui avoir volé sa carte de crédit et a commencé à envisager de changer une nouvelle fois d'héritier ; à ce moment-là, elle a contacté son jeune filleul, Pascal Mars, qu'elle connaissait pourtant à peine, pour lui proposer de passer la voir quand il voulait, lui demander s'il pouvait l'aider dans la vie de tous les jours, lui offrir de le soutenir financièrement quand il en aurait besoin, en échange de services divers – il était en position pour prendre la place d'Alain, jusqu'à ce qu'elle l'accuse de lui avoir dérobé 3 000 euros en liquide, lui « pardonne » puis l'accuse encore et qu'il en ait assez, qu'il estime que ça suffit comme ça et ne cherche plus à la revoir.

Le capital de Marie étant devenu son assurance contre la solitude, son arme et son bouclier à la fois, elle a fini par virer suspicieuse et parano : elle est angoissée à l'idée qu'on puisse lui prendre ses sous, elle voit des scélérats partout. « Elle faisait une fixation là-dessus », dira son voisin Lucien Framboise – Alain Laprie parlera d'une « phobie », et tout le monde confirmera : elle était obsédée par le vol. (Pourtant, elle gardait toujours beaucoup d'argent chez elle, des billets cachés ici et là, des milliers d'euros parfois.) Lors d'un court séjour à l'hôpital, elle a fait un véritable scandale, hurlant contre les infirmières qu'elle accusait d'avoir profité de sa faiblesse pour lui dérober son porte-monnaie ; Paulette l'a retrouvé deux heures plus tard dans une poche du manteau de la vieille dame, avec son argent dedans évidemment. En 2002, elle a accusé son amie Jeanne Pomme, qui l'aidait plusieurs fois par semaine pour les courses, de lui avoir volé, de retour du supermarché, des billets et les clés de sa maison ; elle l'a définitivement chassée de sa vie (c'est Pauline Cerise et Gisèle Octobre qui ont pris le relais, pour les courses) ; elle a demandé à Alain Laprie de lui changer sa serrure ; quelques jours plus tard, elle a retrouvé ses clés. Alain, à son tour, a été accusé, en juin 2003, de lui avoir pris sa carte de crédit et « tous les papiers de la banque » ; c'est à partir de là, selon les autres membres de la famille, qu'elle a commencé à se méfier de lui, et songé à changer son testament ; en réalité, il ne s'agissait pas d'une carte de crédit mais d'une simple carte de retrait de la Poste, jamais un euro n'a été tiré dessus ensuite, et « tous les papiers de banque » ont été retrouvés dans ses tiroirs. Pascal Mars, qu'elle n'avait vu que deux ou trois fois dans sa vie et qu'elle a appelé auprès d'elle deux semaines après la disparition de sa carte, a subi, je l'ai dit, le même sort : il a commencé à venir la voir de temps en temps, il lui coupait du bois, lui faisait un peu de jardinage, l'aidait comme il pouvait, il a déjeuné deux ou trois fois chez elle avec sa femme et les enfants de celle-ci, elle était contente d'avoir de la compagnie ; en octobre 2003, elle a proposé de lui donner 500 euros pour régler ses dettes d'EDF, il l'a donc emmenée un matin au bureau de poste de Tresses, elle a retiré 1 000 euros (selon lui), puis ils sont allés faire des courses tous les deux au supermarché Netto (il lui a fait remarquer que son sac était grand ouvert et qu'on voyait les billets), ils sont rentrés à Pompignac, ont déjeuné chez Marie, bien discuté, elle lui a remis les 500 euros promis, il est parti vers 16 heures. Le soir, elle lui a téléphoné, furieuse : où est passé le reste de l'argent qu'elle a retiré ? Voleur ! Voleur ! Il réussit à la calmer, lui assure qu'il ne lui a rien pris, qu'elle va sans doute retrouver ses billets, elle raccroche adoucie mais le rappelle le lendemain soir et cette fois l'insulte carrément, elle lui dit qu'elle a prévenu son père (un de ses lointains cousins) que son fils était un voleur, elle est folle de rage, au point qu'il prend sa voiture et roule jusqu'à chez elle, où il arrive à 21 heures. Elle est apaisée de nouveau, ils cherchent ensemble pendant plus de deux heures dans toute la maison, elle lui montre les différents endroits où elle cache ses billets (il lui dit qu'elle ne devrait pas garder tout cet argent chez elle), ils ne retrouvent rien, elle lui fait la bise en partant, gentille, mais il est convoqué à la gendarmerie quelques jours plus tard. Entre-temps, c'est Gisèle Octobre qui a accompagné sa vieille voisine et l'a aidée à porter plainte. Elle a affirmé qu'elle avait retiré 3 000 euros avec son filleul à la Poste de Tresses, qu'elle lui avait donné 500 euros, qu'ils avaient fait quelques achats et qu'il ne lui restait presque plus rien le soir. Après une rapide enquête, la gendarmerie déclarera la plainte sans suite : il aura été facile d'établir, grâce aux relevés de la Poste, qu'elle n'a retiré que 1 000 euros ce jour-là, et rien dans les trois semaines précédentes. (De l'assurance, plus bienveillante, Marie recevra tout de même un chèque de 1 400 euros.) Pascal Mars, qui a dit la vérité, ne recontactera jamais sa marraine et ne la reverra plus.

Dans les jours qui suivront la mort de Marie, Anatole Poivron dira aux enquêteurs : « Je ne sais pas ce qui s'est passé, mais je suis sûr que l'argent est au cœur du problème. » Et Cécile Octobre, la fille de Gisèle : « Lorsque j'ai appris qu'elle était décédée de mort violente, je n'ai pas été étonnée, j'avais ressenti une tension familiale, et je savais par maman que le climat n'était pas sain et que toutes les relations étaient basées sur une notion d'argent. » Elle ajoutera même : « Certains propos tenus par Mme Cescon me font dire que c'était une famille de rapaces. »

Le 6 avril 1979, Marie et Bienvenu ont rédigé leur premier testament devant leur notaire bordelais. Elle y indiquait que si elle décédait avant son époux, tous leurs biens lui reviendraient entièrement (il a évidemment signé la réciproque), et que si elle lui survivait, son héritier unique deviendrait alors son frère, Georges Novembre. (À ce moment, selon Georges, les époux Cescon lui ont demandé de n'en parler à personne, pour éviter les « histoires de famille ».) Le 11 août 1998, cinq ans après la mort de Bienvenu, Marie a changé son testament, chez un autre notaire de Bordeaux (elle ne faisait plus confiance au premier), et a remplacé Georges par Alain Laprie. Puis, en juillet 2003, après l'affaire de la carte de crédit/retrait volatilisée, elle se serait confiée à sa voisine, Gisèle Octobre, lui disant qu'elle voulait déshériter son neveu naguère préféré au profit de plusieurs autres membres de la famille : elle voulait que son amie l'aide à écrire un brouillon, qu'elle irait ensuite porter chez le notaire pour le recopier et le signer.

N'étant pas sûre de pouvoir l'aider efficacement, Gisèle a demandé à sa fille Cécile, secrétaire comptable, de se joindre à elles. Sur la table de la cuisine de Marie, elles ont donc rédigé le projet du dernier testament de la vieille dame, dans lequel, « saine de corps et d'esprit », elle léguait ses « biens immobiliers, pécuniaires et mobiliers », à parts égales, à sa sœur Josy Décembre, à Christian Novembre et ses deux sœurs, et à Céline Juin, la fille de sa sœur Bernadette, décédée. Rien à Alain Laprie, ni à sa sœur Brigitte, ni à leur mère Anne. Rien non plus à son frère Georges. « Fait à Pompignac, le 28 juillet 2003, en deux exemplaires, devant deux témoins », et signé par Marie, Gisèle et Cécile. Cette dernière a gardé un exemplaire (selon sa mère, Marie aurait dit : « S'il m'arrive quelque chose, vous pourrez le remettre au notaire ») et Marie, dira Gisèle, a rangé l'autre dans le meuble du téléphone.

La semaine suivante, Gisèle Octobre prend rendez-vous avec un notaire de Branne, de l'autre côté de Pompignac par rapport à Bordeaux, pour officialiser le document (Marie, dit-elle, ne parvenait pas à joindre son notaire de Bordeaux). Mais en cet été 2003, la canicule – la Canicule (nous étions, ma femme Anne-Catherine, notre fils Ernest et moi, à Pornic, en Loire-Atlantique, à peu près tempérée, à peu près protégés (à pas mal près quand même : le 10 août 2003, record historique de chaleur pour un mois d'août à Pornic (et anniversaire d'Ernest !), il a fait 39,2°), il était tout petit (il l'est toujours (mon petit))) –, la redoutable Canicule cloue Marie chez elle, elle ne veut pas en bouger, ce mois d'août n'est pas bon du tout pour les personnes âgées, et dans les mois qui suivent, l'occasion ne se représente pas. Mais selon Claudette Janvier, son amie Marie l'a appelée le dimanche soir précédent sa mort pour lui demander de l'emmener le mardi suivant (ensuite elle corrigera : le mercredi, en fait, jour du meurtre donc) chez ce notaire à Branne. Pour des raisons familiales, Claudette, qui habite à trois kilomètres, n'a pas pu se rendre à Pompignac ce jour-là. Malheureusement.

Le matin des obsèques de Marie, Gisèle Octobre demande à sa fille Cécile de lui remettre l'exemplaire du testament qu'elle a conservé, et en parle à Josy Décembre, qui prévient les gendarmes. Ceux-ci convoquent Gisèle et sa fille, qui leur remet son exemplaire. Quand ils réalisent que la tante d'Alain Laprie comptait le déshériter, et que le brouillon du testament a disparu du meuble du téléphone (et de tout autre meuble), ils comprennent qu'ils tiennent leur principal suspect. Et les indices vont s'accumuler.

Les auditions dans l'entourage de la victime, organisées par l'adjudant X, s'orientent toutes sur Alain Laprie. S'entendait-il aussi bien qu'il le dit avec sa vieille tante ? Pascal Mars confirme que lorsque sa marraine l'a contacté, à l'été 2003, elle lui a confié avoir « des problèmes avec Alain », mais surtout, Claudette Janvier, Josy Décembre, Gisèle et Cécile Octobre déclarent toutes avoir entendu Marie se plaindre de son neveu, qui ne pensait qu'à son argent, lui en réclamait sans cesse ou lui en prenait et ne lui donnait rien en échange, ne s'occupait presque pas d'elle. Anatole Poivron est passé la voir le dimanche avant sa mort, il se souvient qu'elle lui a parlé d'Alain, elle lui a dit qu'elle allait le déshériter et lui a même montré l'ébauche de testament écrit avec les Octobre, qu'elle gardait dans le séjour : « Comme ça, il n'aura plus rien après mon décès », aurait-elle conclu.

Pour l'adjudant X, un mobile clair apparaît. Alain Laprie était chez sa tante en début de soirée, on n'y a vu personne ensuite. Au moment où il partait, elle a fort bien pu lui parler de son projet de changer son testament. Il voit tous ses efforts, depuis des années, tout ce qu'il a construit péniblement, à coups de services pénibles à rendre à cette vieille peau et de visites fastidieuses, tomber en poussière à ses pieds. Il est dans une situation professionnelle instable, il a perdu son entreprise, il ne touche plus que quelques centaines d'euros par mois à titre quasiment honorifique, et les gendarmes ont interrogé l'ami qui a repris la boîte : à l'époque même du drame, Alain lui a confié avoir des problèmes financiers, malgré les revenus de son épouse. Il voit rouge quand il comprend qu'il ne touchera pas le pactole attendu, il empoigne sa tante, la projette contre le mur, il ne voulait peut-être pas la tuer mais elle est plus gravement blessée que prévu, il comprend qu'elle va mourir et met le feu à la maison pour ne laisser aucune trace de son acte – et pour qu'on pense qu'elle s'est suicidée, par exemple. Il prend soin d'emporter le téléphone pour éviter qu'elle n'ait le temps de parler avant de mourir (pensant que personne ne s'en rendra compte quand la maison sera détruite), si elle parvient à se relever ; il emporte le brouillon du testament, pour s'assurer de rester le seul héritier ; il emporte ses outils, ce serait bête de les détruire pour rien, c'est de la bonne came, ils lui ont coûté un bras.

Certaines constatations peuvent aller dans ce sens. Marie portait encore ses vêtements de la journée, ne semblait pas prête à se coucher et, comme le feront remarquer les synthèses des gendarmes et plus tard le réquisitoire définitif, en se basant sur l'autopsie, n'avait même probablement pas dîné. Ce qui peut tout à fait correspondre avec une agression vers 19 h 30, par exemple. Et le réveil de sa chambre, sous l'effet de la chaleur, s'est arrêté à 19 h 55. D'autre part, plusieurs voisins ou familiers en témoigneront : Marie Cescon fermait son portail le soir avant de s'enfermer chez elle, il était très rare qu'elle oublie. Or lorsque Damien et Julien se sont précipités vers la maison en flammes, ils sont catégoriques, il était encore grand ouvert. Si elle n'a pas pu le fermer, c'est qu'elle a été tuée avant. Avant la nuit.

Le 22 juin 2004, à 8 h 30, Alain Laprie est placé en garde à vue.

Il nie tout ce qu'on lui reproche. Il n'a pas tué sa tante, il n'avait aucune raison de le faire, il l'aimait beaucoup, depuis de très nombreuses années, il n'était pas au courant qu'elle voulait modifier son testament, mais si elle lui en avait parlé, il n'en aurait pas fait une montagne, ils en auraient discuté et c'est tout, elle lui aurait expliqué pourquoi, il n'a rien contre les nouveaux héritiers qu'elle avait apparemment en tête, les Novembre, mais il ne savait même pas qu'elle lui en voulait, qu'elle lui reprochait, sans le lui dire, de n'être intéressé que par son argent, il se souvient évidemment de l'histoire de la carte de crédit, qui n'en était d'ailleurs pas une, mais il pensait que c'était réglé et oublié depuis longtemps, il a l'impression de n'avoir eu aucun problème particulier, de quelque nature que ce soit, avec sa tante ces derniers mois, il l'aimait, il l'aimait beaucoup, elle l'aimait, voilà, il est extrêmement surpris d'être mis en garde à vue, il ne comprend pas, il n'a même pas prévenu sa femme ce matin qu'il allait au commissariat, il pensait qu'on le convoquait simplement pour lui remettre quelques papiers.

Il est interrogé toute la journée et ne varie pas dans ses déclarations. Il est extrêmement surpris, choqué, il ne comprend pas qu'on puisse le soupçonner alors qu'il n'était pas sur place au moment des faits.

C'est bien le problème des gendarmes. Car l'expert incendie a conclu que « le délai qui s'est écoulé entre l'initiation du feu [c'est-à-dire les premières flammes] et le premier constat [par Julien et Damien, ou Daniela Clémentine] est de l'ordre de grandeur de 20 à 25 minutes ». L'un des pompiers qui sont intervenus sur place est plus large : « Bien que je ne sois pas expert, je pense, au vu des dégâts, que l'incendie a pu démarrer une heure et demie voire deux heures avant notre intervention », mais même dans cette hypothèse très souple, cela fait remonter le départ du feu à 21 h 05 au maximum, or à 21 h 05, Alain Laprie était chez lui à Bordeaux, la téléphonie et sa femme en témoignent.

L'autre obstacle, difficilement contournable, à une mise en examen de Laprie, c'est le gaz. Il en restait 83 % dans la bonbonne. On imagine bien qu'elle n'était pas absolument pleine au moment où quelqu'un a tourné les trois boutons de la gazinière, mais même en supposant qu'elle l'était presque, un expert qui a fait le test en situation a calculé que cette quantité de gaz n'a pas pu s'échapper des trois brûleurs pendant plus d'une heure douze, ce qui signifie qu'on a tourné les boutons, au plus tôt, environ cinq minutes avant 22 heures.

C'est pourquoi le 22 juin 2004 à 19 h 30, après onze heures de garde à vue sur vingt-quatre possibles, on remet Alain Laprie en liberté. Il rentre chez lui.

On a appris quelques jours plus tôt que le dernier testament n'était pas valable, puisqu'il est bien signé par Marie Cescon, manifestement, mais pas écrit par elle, c'est Cécile Octobre qui l'a rédigé, et pas un notaire ne l'a vu du vivant de Marie, il n'a donc aucune valeur légale – c'est compréhensible, sinon on récupère une feuille avec une signature, on se désigne comme héritier et bingo.

Les témoignages contre Alain Laprie se raréfient, on le laisse tranquille. (Mais il ne peut pas toucher son héritage, ni lui ni personne tant que l'affaire n'a pas été classée.) L'écoute de ses lignes téléphoniques fixe et portable n'a rien donné, pas plus que la perquisition à son domicile. Son ADN n'a pas été retrouvé sur les lieux (ce qui n'est d'ailleurs pas normal). L'enquête se met en sommeil, le juge et les gendarmes ne produisent plus une pièce de procédure pendant près de trois ans (hormis, en 2005, quelques vaines investigations à la suite d'une intrusion dans la maison abandonnée de Marie, avec bris de scellés, assortie du vol, entre autres, d'un chéquier et d'un passeport (que les enquêteurs n'avaient pas saisis) qui ont servi à trois jeunes filles non identifiées, vêtues de rose et de blanc et chaussées de baskets à semelles compensées, à s'acheter quelques bricoles bling-bling dans des boutiques bas de gamme de Bordeaux), le juge d'instruction est muté en septembre 2006, son successeur prend le temps de s'installer, et plus rien ne se passe jusqu'au coup de théâtre fracassant qui va tout relancer.

Le 9 mai 2007, deux gendarmes de Marmande sonnent chez Corinne et Christian Novembre, qui habitent une petite commune voisine, sur le territoire de la famille Novembre. C'est elle qui ouvre la porte (son mari n'est pas là), ça tombe bien : c'est elle qu'ils viennent voir. Sur commission rogatoire du nouveau juge d'instruction, ils lui demandent si elle accepterait de se soumettre à un prélèvement buccal en vue de l'identification de son ADN. (Pour son mari, Christian, c'est déjà fait : l'une des premières décisions du juge a été d'établir son profil génétique, afin de le comparer avec celui, masculin, du mégot retrouvé près du corps de Marie Cescon. Il a été entendu le 28 février 2007 (curieusement, lors de cette courte audition au sujet du mégot (il dit qu'il est fumeur, des roulées principalement, mais qu'il prend parfois une ou deux Gauloises à sa femme), après avoir répété que sa tante n'était pas bien ce jour-là, qu'elle voulait « se foutre en l'air, mais ce n'est pas la première fois qu'elle parlait de suicide », il modifie sa première version : il dit désormais que l'après-midi avant le meurtre, il n'a pas vu son cousin, Marie leur a expliqué qu'il coupait du bois sur sa parcelle mais Alain n'est pas venu les voir, ils ne se sont pas parlé) et le test salivaire a été effectué à la gendarmerie de Marmande le 2 mars. Son ADN ne correspond pas à celui retrouvé sur le mégot. (Bon, eh bien, tant pis.)) Corinne fait entrer les gendarmes chez elle. Son beau-père, Georges Novembre, est dans le salon. Soudain, quand il apprend ce qu'on attend de sa bru, quand il comprend que le nouveau juge réoriente l'enquête, qu'il se concentre sur les mégots, les fumeurs (et donc qu'Alain Laprie sort du cadre), Georges fond en larmes, il ne peut pas se retenir. Les gendarmes, interloqués, lui demandent ce qui lui arrive. Dévasté, il hoquette qu'il a quelque chose sur le cœur depuis la mort de sa sœur. Désire-t-il être entendu ? Oui, il veut parler, il veut tout dire. Mais pas ici : chez lui. OK. Ils prennent rendez-vous, ils passeront l'auditionner à son domicile le 29 mai à 9 heures. (Vingt jours plus tard. On n'est pas pressé, à la campagne, c'est la douceur de vivre – et surtout, ces gendarmes ne sont pas bien curieux.)

Vingt jours plus tard, donc, Georges passe à table dans sa cuisine.

Le matin du lundi 22 mars 2004, Alain Laprie, qui était venu chez lui la veille avec sa sœur Brigitte pour parler du testament, lui téléphone de Bordeaux à 10 heures pour lui dire qu'il a encore quelque chose à lui demander. Est-ce qu'il peut passer le voir ? Bien sûr, qu'il vienne déjeuner, avec plaisir, on l'attend.

À midi, Alain arrive, la table est mise, Régine, la femme de Georges, est en cuisine. Les deux hommes prennent l'apéritif quand Alain déclare qu'il a un aveu à faire à son oncle. Il dit : « C'est moi qui ai fait le coup. » Georges ne voit pas de quoi il parle, puis comprend : « Non, c'est pas possible que tu aies fait ça… » Alain se met à pleurer (« Ben si… ») et lui tombe dans les bras. (Régine à ce moment-là revient de la cuisine, s'inquiète, son mari lui explique : « C'est lui qui a fait le coup. » Alain confirme : « Oui, c'est moi qui l'ai fait. ») Ensuite, le meurtrier raconte.

Il s'est disputé avec Marie car elle a traité sa mère, Anne, « de pute, de salope » qui lui demandait toujours de l'argent. Alain a répondu « Va te faire voir ! » (ou assimilé) en la poussant. Elle est tombée, s'est relevée.

— De toute façon, a dit Alain, puisque c'est ça je m'en vais et tu ne me reverras plus.

— Je préfère mourir que rester seule !

— Ah tu veux mourir ?

Il est sorti chercher un bâton puis est revenu vers sa tante. Il explique à son oncle : « C'est là que je n'aurais pas dû rentrer, mais je suis rentré avec le bâton et je lui ai donné un coup sur la tête. » Elle est tombée et ne s'est plus relevée. Georges lui demande alors comment il a mis le feu. « Oh ça, ça a été facile, j'ai pris un papier, je l'ai allumé et je l'ai lancé dans la chambre derrière la cheminée. » Georges demande encore : « Qu'est-ce que tu as fait du bâton ? » Alain dit qu'il a brûlé dans la maison.

Et voilà. Il supplie son oncle de garder le secret, de n'en parler à personne – surtout pas à sa mère, Anne.

Selon Georges, ils n'ont plus abordé le sujet (épineux) ensuite. Ils sont revenus à l'héritage, Alain a suggéré d'appeler le premier notaire des Cescon pour savoir si le testament d'origine, celui dont son oncle était seul légataire, serait valable si Alain renonçait au sien. Georges a refusé, il ne voulait pas magouiller – il dit avoir déclaré à son neveu : « Si le notaire m'annonce que je suis le bénéficiaire, j'interviendrai, mais pas avant. » Alain a appelé à sa place, se faisant passer pour lui : on lui a répondu qu'on ne pouvait rien lui dire au téléphone, il faudrait écrire. Georges s'est finalement résolu à envoyer un courrier une quinzaine de jours plus tard, juste pour savoir. Il n'a pas reçu de réponse. Voilà son récit.

Les gendarmes sont sciés. Mais enfin pourquoi Georges Novembre n'a-t-il pas révélé tout ça plus tôt ? Parce qu'il l'avait promis à son neveu, il avait donné sa parole. Mais le secret était trop pénible à garder. Marie, qui était son aînée de treize ans, était comme « une deuxième maman » pour lui, dit-il, sa mort l'a ravagé, alors connaître le coupable et ne pas pouvoir le dénoncer, non, c'est devenu trop lourd malgré sa promesse, il s'est mis à dépérir, à sombrer en dépression (sa femme, ses enfants et même son médecin le confirmeront), et lorsqu'il a appris que ça retombait sur son propre fils et sa belle-fille, que le juge d'instruction avait réclamé leur ADN, il n'a pas pu tenir plus longtemps, il fallait qu'il soulage sa conscience – malgré la peur d'être accusé de complicité, de non-dénonciation de crime.

On lui pardonnera ça. Peu importe. Car cette fois, la porte s'ouvre enfin en grand pour le juge et les gendarmes, leurs soupçons du début de l'enquête étaient finalement fondés, leur instinct ne les avait pas trompés. Il faut poursuivre dans cette voie, avec un solide bagage maintenant, « ces déclarations concordant parfaitement avec les constatations matérielles relevées par les enquêteurs », note le juge d'instruction. On vérifie tout de même quelque chose, pour ne rien laisser au hasard. Car deux articles ont été publiés dans *Sud Ouest* les jours qui ont suivi le drame. Le major Y, qui a repris la direction de l'enquête, les consulte minutieusement et conclut qu'aucun des détails fournis par Georges Novembre ne figure dans les colonnes du journal : hormis les enquêteurs, seul le meurtrier peut en avoir connaissance. Et on ne peut pas soupçonner Georges d'être le meurtrier, il est trop âgé, personne ne l'a vu dans les parages, il vit trop loin de chez sa sœur, et il n'avait aucune raison de la tuer.

Plusieurs résultats d'expertises commandées par le juge en début d'année 2007 arrivent sur son bureau. Un nouvel expert incendie a été commis, « en raison de certaines incohérences » entre le rapport du premier et « certains des éléments matériels relevés par les enquêteurs ». Il est d'accord avec son confrère sur le fait que « le laps de temps qui s'écoule entre la naissance d'un incendie dans un bâtiment et l'apparition de phénomènes visibles de l'extérieur est en général relativement court » (il précise que dans la majorité des cas, un incendie est visible de l'extérieur après une demi-heure), mais, plus que son prédécesseur, il prend en compte le fait que la porte de communication entre la cuisine et le couloir était fermée, l'oxygène indispensable au développement du feu était donc circonscrit à une partie seulement de la maison : le couloir, les deux chambres, les toilettes, la salle de bains, le débarras. Dans ces conditions, dans le cas d'une combustion vive d'abord (avec un accélérant par exemple) puis très lente par manque d'oxygène, « cet incendie a pu couver plusieurs heures entre son éclosion et l'apparition de fumées et de flammes » – jusqu'à ce que la chaleur fasse sauter la vitre de la petite fenêtre des toilettes, qu'on a retrouvée cassée, et que le feu puisse alors se développer véritablement.

Travaillant sur les pièces du dossier qu'on lui a fournies, l'expert ajoute à son rapport : « On peut légitimement penser que le robinet de la bouteille de gaz à l'extérieur était, pour une raison indéterminée, en position de fermeture. » Donc il ne faut pas tenir compte du gaz, il n'a pas été ouvert environ cinq minutes avant 22 heures.

Mis en examen, Alain Laprie est incarcéré le 20 septembre 2007 à la maison d'arrêt d'Angoulême. C'est plié ? Non. Son avocat va trouver la parade. Un vice de procédure.

Les gendarmes qui ont auditionné Georges Novembre chez lui sont ceux qui l'avaient rencontré vingt jours plus tôt chez sa bru, Corinne, dont ils devaient prélever la salive. Ils étaient commis par le juge d'instruction pour cela, l'ADN, et seulement pour cela : ils n'avaient pas le droit de prendre d'eux-mêmes l'initiative de se mêler du reste de l'enquête. Ils auraient dû prévenir le juge, ou leurs collègues de la gendarmerie de Tresses en charge de l'affaire, ils ne l'ont pas fait, en vingt jours ils ne l'ont pas fait, ils ont préféré décrocher le scoop eux-mêmes. L'avocat de Laprie dépose une requête le 20 mars 2008 et obtient sans grande difficulté l'annulation de l'audition de Georges, mais aussi de toutes les pièces qui en découlent. Le 1er avril, après un peu plus de six mois de détention préventive, son client est remis en liberté sous contrôle judiciaire – pour quelques jours seulement, car sa mise en examen ayant été une conséquence directe de l'audition de son oncle, elle devient elle aussi non avenue. Son incarcération ne prend pas fin pour vice de procédure, mais simplement parce que sans le témoignage de l'oncle, le juge d'instruction doit convenir, très logiquement, qu'il n'existe « pas suffisamment d'éléments à charge pour maintenir M. Laprie en détention provisoire ». Le 20 avril, il est tout à fait libre, à la stupeur de Georges Novembre et de sa famille.

C'est un contretemps regrettable mais ce n'est qu'un contretemps, un délai. Il faut à la justice quelques mois pour se remettre, se réorganiser, affiner les expertises et renforcer les témoignages pour tout ficeler, et le 17 mars 2009, le juge relance l'enquête. Georges est de nouveau entendu, officiellement cette fois, le 28 avril. Il répète mot pour mot ce qu'il a dit deux ans auparavant – il ajoute simplement qu'avant de témoigner devant les gendarmes de Marmande, il s'était confié à son beau-frère Paul Septembre (le mari de la sœur de sa femme), s'était déchargé du poids qui l'écrasait pour lui demander conseil, fin 2006. Paul Septembre l'avait incité à tout dire aux enquêteurs, soulignant ce qu'il risquait s'il se taisait mais lui assurant cependant qu'il ne dirait rien, de son côté, qu'il garderait le secret. (Interrogé par le major Y, le gendarme en retraite confirme tout cela, en indiquant que son beau-frère et ami semblait n'aller pas bien du tout, et en insistant sur le fait que, tout en lui garantissant son silence, il l'avait vivement encouragé à parler, ou à écrire une lettre au juge. Quand on lui demande pourquoi, selon lui, Alain Laprie aurait fait de telles révélations à son oncle, il répond : « Il avait probablement besoin de se confier à quelqu'un en qui il avait toute confiance, et en l'occurrence, Georges incarnait cette personne. »)

Georges précise aussi que lors de ce déjeuner du 22 mars 2004, quand il a fait remarquer à son neveu qu'il était fou, qu'il allait se faire prendre et passer quinze ans derrière les barreaux, Alain lui a répondu : « Ne t'inquiète pas, je ne risque rien, je suis protégé. » Il avait probablement des relations haut placées.

Régine, quant à elle, se contente d'authentifier les propos de son mari : quand elle est sortie de la cuisine pour apporter « le plat de viande », elle a vu Alain en pleurs dans les bras de Georges, elle lui a demandé ce qui se passait, il a dit : « C'est moi qui l'ai fait. » Elle n'a pas entendu le reste de la discussion.

En mai 2009, Corinne et Christian Novembre sont plus sérieusement auditionnés, puisqu'on tient une vraie piste : ils ont vu la victime et le coupable juste avant les faits (Christian revient sur sa dernière déclaration : en réalité, oui, il s'en souvient, il s'était trompé, son cousin est bien venu les saluer lorsqu'il est arrivé). Interrogés séparément, leurs déclarations concordent tout à fait. D'abord, ils indiquent que c'est dès le début du mois de mars 2007, quand il a appris que son fils venait de subir un prélèvement d'ADN, que Georges est venu chez eux pour leur révéler ce qu'il savait. Pour Corinne, son beau-père est parfaitement crédible : « Il ne serait pas allé inventer une histoire pareille, s'en rendre malade au point de tomber dans la dépression, je pense que ce qui l'a fait tenir, c'est l'espoir que le coupable serait un jour arrêté. » Christian dit qu'il a conseillé à son père d'aller témoigner à la gendarmerie, ce que celui-ci n'a pas fait tout de suite. Le 14 avril 2007, il en a parlé aux deux sœurs de Christian, à l'occasion des cinquante ans du compagnon de l'une d'elles. Puis, donc, le 9 mai, il a demandé aux gendarmes de Marmande à être auditionné.

Au sujet de l'après-midi passé chez Marie, ils se souviennent de la même chose (tout en modifiant l'heure de départ initialement donnée par Christian : ils déclarent à présent qu'ils sont bien partis à 18 h 30, comme l'a dit Gisèle Octobre, qui a vu leur voiture, et non à 18 heures – et toujours parce qu'ils avaient des invités le soir chez eux, à plus d'une heure de route (près d'une heure et demie même, en tenant compte des bouchons sur Bordeaux à cette heure)) : Marie était déprimée, furieuse contre son neveu Alain, à qui elle reprochait de lui demander trop d'argent, sans arrêt, entre autres pour payer l'élargissement du chemin qui menait à sa parcelle de bois. « Elle ne voulait plus rien lui donner, elle était très en colère contre lui », dit Christian. « C'est à ce moment-là qu'Alain est arrivé, et nous n'en avons plus parlé par la suite. » Corinne confirme, mot pour mot, et ajoute que Marie pleurait quand ils sont partis, comme souvent, elle disait qu'elle préférait mourir qu'être seule, elle leur a demandé de rester dîner, ils ne pouvaient pas. Elle tient à ajouter quelque chose qui l'a surprise, et mise mal à l'aise :

quand Alain est sorti de la cuisine après leur avoir dit bonjour, il a prétendu qu'il allait « faire du bois », mais par la fenêtre de la cuisine, elle ne l'a jamais vu s'éloigner de sa voiture, garée près de chez Daniela Clémentine, comme s'il les observait, comme s'il attendait qu'ils partent.

Le 1er décembre 2009, à 6 h 10, l'ex-neveu préféré est arrêté chez lui et mis en garde à vue ; au bout des treize heures qui restaient de la précédente, et même s'il continue à nier catégoriquement, elle est reconduite de vingt-quatre heures. Le 2 décembre à 19 heures, après avoir déclaré : « Je n'ai pas de remarque particulière, je refuse la garde à vue, je veux rentrer chez moi le plus rapidement possible », il est de nouveau mis en examen pour homicide volontaire. Cette fois, il n'est pas placé en détention préventive, simplement sous contrôle judiciaire – il n'a pas le droit de quitter le territoire, ni de se rendre à Pompignac, ni dans le Lot-et-Garonne, ni d'entrer en contact avec qui que ce soit de la famille Novembre, ni avec Josy Décembre, Cécile et Gisèle Octobre, Claudette Janvier et Anatole Poivron.

Le 10 juin 2010, une confrontation est organisée chez le juge d'instruction entre Alain Laprie et son oncle Georges. Évidemment, chacun reste sur ses positions. Georges Novembre réitère ses déclarations précédentes, il paraît impressionné, intimidé, il est ému, fait des efforts manifestes pour se souvenir de tout, il dit que son cœur bat très fort. Laprie, lui, paraît arrogant, sûr de lui, il porte une tenue plus que malvenue et déplacée (dans une émission de W9 consacrée à l'affaire, une journaliste qui fait office de consultante la décrira ainsi : « On croirait qu'il rentre d'une soirée blanche d'Eddie Barclay, il est dans un costume blanc, pantalon et veste assortis » – elle ajoute : « Et puis à côté, on a Georges Novembre, droit comme un piquet, et surtout hyper mal à l'aise de devoir se retrouver là et maintenir sa version des faits devant son neveu qui nie »), un uniforme de patron d'opérette, il est assis très en arrière sur sa chaise, presque avachi, comme un trader qui méprise le bas monde, il traite son oncle de menteur, de sale type, il sourit. Cet affrontement n'apporte rien, l'un affirme ce que l'autre nie, l'autre affirme ce que l'un nie. Le juge résumera assez simplement : « Lors d'une confrontation organisée avec son oncle, le mis en cause campait sur ses dénégations, son oncle expliquant pour sa part à quel point il avait souffert d'avoir gardé pour lui aussi longtemps les graves révélations de son neveu. »

Il faut maintenant tout préparer solidement pour le procès – il faut prendre le temps nécessaire, même si les parties civiles (Régine et Georges Novembre, Josy Décembre) s'impatientent, légitimement. Malheureusement, un nouveau contretemps va ralentir l'accusation. Le 30 août 2010, le deuxième juge d'instruction est nommé ailleurs, et remplacé par un troisième. Qui va d'abord se concentrer sur l'aspect financier de l'affaire, mobile du crime évident selon lui. (La disparition du dernier testament laisse peu de doute à ce sujet. Dans un procès-verbal d'investigations, en 2011, le major Y la grave dans le marbre : « L'exemplaire détenu par Marie Cescon, bien qu'elle l'ait montré à plusieurs personnes, n'a jamais été découvert à son domicile. ») Le juge épluche – ou fait éplucher – en parallèle les comptes de la victime et ceux du suspect, professionnels et personnels, ceux de sa femme aussi. On prouve assez facilement qu'entre le 31 janvier 2000 et le 18 janvier 2002, Marie a signé quatre chèques à son neveu, pour un montant total de 17 838 euros. C'est beaucoup. Mais on note aussi de nombreux mouvements étranges sur les relevés d'Alain, des chèques de plusieurs dizaines de milliers d'euros à une époque où son entreprise était en faillite, en particulier un de 104 000 euros et un autre de 70 000 euros qui naviguent sur ses différents comptes en juillet 2003, exactement au moment où sa tante décide de le déshériter.

Répondant à diverses commissions rogatoires du nouveau juge, Y, qui a pris la suite de X en 2007, réinterroge tout le monde. Le portrait d'Alain Laprie ne s'arrange pas. Auditionné par le major, Anatole Poivron le qualifie de « sacré petit con », se souvient qu'il prenait les gens de haut et, surtout, qu'il essayait d'isoler sa tante, comme pour se la réserver : « Les deux ou trois fois que nous l'avons vu, il nous a fait comprendre que nous n'étions pas les bienvenus chez Marie. » Josy Décembre : « Depuis quelque temps, ma sœur ne donnait plus rien à Alain, ni à Brigitte ni à leur mère, Anne. [...] Elle voulait récupérer les bons au porteur qu'elle avait donnés à Alain, pour 1,5 million de francs, si c'est pas plus, mais il refusait de les rendre, on ne sait pas ce qu'ils sont devenus. » Gisèle Octobre affirme carrément que « Marie avait peur d'Alain, c'est pour ça qu'elle avait fait changer les serrures, mais c'est Alain qui s'en est occupé ». (C'est malin.)

On interroge aussi Céline Juin, nièce de Marie, fille de feu sa sœur Bernadette, qui figure sur le brouillon du testament. Lorsqu'on lui apprend que, dans ses déclarations, Alain Laprie aurait prétendu qu'elle a réclamé de l'argent à sa tante (pour faire des travaux sur un chemin) et que c'est pour cette raison que Marie lui a demandé, à lui Alain, de la « congédier », de la chasser de chez elle, elle est sidérée : « Il dit n'importe quoi, je n'ai jamais eu de conflit avec lui, dans la mesure où je n'ai jamais demandé d'argent à ma tante, je ne comprends pas pourquoi il invente cela. [...] Je vous précise que j'ai été entendue à la gendarmerie près de chez moi avec mon mari, suite à une déclaration là aussi de mon cousin Alain, qui prétendait que mon oncle Georges était venu me voir [Laprie a beaucoup chargé Georges Novembre lors de ses différents interrogatoires] pour me faire signer un document attestant que je refusais l'héritage de ma tante Marie. C'était totalement faux, mon oncle Georges ne m'a jamais parlé, n'est jamais venu me voir. Je constate que c'est la deuxième fois qu'Alain me met en porte-à-faux avec des mensonges. Ses affirmations sont stupides. »

Une évaluation psychologique du mis en examen est réalisée. L'experte qui l'examine le trouve « très tendu », note qu'il nie farouchement les faits et, pour s'expliquer, tente de « brouiller les pistes » en présentant « un scénario policier ». Elle souligne également que « ses réactions sont marquées par le déni » ainsi qu'une « sorte de radicale absence affective face à cette mort dramatique ». Tout cela sera repris dans l'ordonnance de mise en accusation, qui compile soigneusement tout ce qui pourra aider à « la manifestation de la vérité » lors du procès : les objets disparus, qui concernent tous Alain Laprie, les témoignages souvent accablants de l'entourage, son comportement plus que suspect, le réveil qui fonctionnait et s'est donc arrêté sans doute à l'heure des faits (qu'il soit tombé au sol lors d'une bousculade ou qu'il se soit détraqué sous l'effet de la chaleur), et surtout, naturellement, les révélations de l'oncle de l'accusé, témoin manifestement fiable, qui paraissent solides. Pour l'instant, afin d'éviter le flou qui pourrait favoriser une entourloupe de la défense, il reste à effacer sûrement l'alibi d'Alain Laprie.

D'abord, le gaz, qui ne se serait écoulé que durant une heure et douze minutes, au maximum. L'adjudant X, dans ses rapports du début de l'enquête, a insisté sur le fait que ni Julien ni Damien, premiers sur les lieux, n'avaient perçu d'odeur de gaz dans la maison. C'est important. D'autre part, si du butane s'était effectivement répandu dans la cuisine pendant une heure, il est à peu près certain qu'il aurait explosé. Comme l'a écrit un expert en 2007, le robinet de la bonbonne était donc certainement fermé, pour une raison ou une autre. Le voisin Michel Kiwi a déclaré que c'est ce qu'il avait fait – fermer le robinet – juste avant d'arracher le tuyau. Mais il a pu se tromper, en toute bonne foi : il était dans une situation extrêmement stressante, on ne peut pas se souvenir précisément de chacun de ses gestes. Le troisième juge d'instruction commande une dernière expertise à un spécialiste parisien, qui ne laisse plus de place au doute dans sa conclusion : « En conséquence, je retiens que le robinet de la bouteille de gaz placée à l'extérieur était fermé au moment où les robinets de la gazinière ont été ouverts. » Le réquisitoire définitif devant la cour d'assises de Gironde conclura : « L'auteur des faits ignorait manifestement que le robinet de gaz de la bouteille était fermé. »

Reste le principal : l'heure à laquelle on a mis le feu dans la maison. Le 13 avril 2011, un dernier expert rend son rapport au juge. Il a étudié toutes les pièces du dossier mises à sa disposition, il s'est rendu sur place, dans la maison abandonnée, puis, grâce aux progrès du matériel informatique et des logiciels depuis 2004, il a pu réaliser une simulation numérique du départ de feu, en tenant précisément compte de la quantité d'oxygène disponible dans la partie « close » de l'habitation. Après plus de vingt pages de calculs, de schémas, de graphiques, il peut conclure : « À la question "Étant donné sa durée supposée, un feu couvant avait-il assez de combustible et d'air à sa disposition pour se maintenir aussi longtemps et générer des températures capables de mettre fin au confinement (par le bris d'une vitre ou la ruine du plafond) ?" la réponse est positive. » Le réquisitoire définitif en terminera avec le sujet : « Après de nombreux examens techniques, l'hypothèse d'un "feu couvant" doit seule être retenue comme correspondant aux données de l'incendie. [...] La fourchette horaire retenue est compatible avec l'emploi du temps – vérifié – d'Alain Laprie, que les investigations désignent comme l'auteur, malgré ses dénégations. »

On peut passer au procès. Enfin presque. Car cette fois, nouveau drame, nouvelle tuile, c'est l'une des parties civiles qui va manquer à l'appel.

Le 1er février 2014, Georges Novembre, le principal témoin de l'accusation, la pierre angulaire, meurt à 85 ans.

Il faut faire sans lui, c'est dommage, et triste, mais le dossier semble suffisamment solide. Son épouse Régine et sa sœur Josy restent les seules parties civiles mais sont soutenues, portées, par d'autres membres de la famille, en particulier Corinne et Christian Novembre, et les deux filles de Georges et Régine. Du côté de la défense : Alain Laprie, ses trois avocats, sa femme Mariane et leur fils Valentin (la mère d'Alain, Anne, est décédée en mai 2013).

Le procès débute le 20 juin 2016 à Bordeaux, plus de douze ans après la mort de Marie Cescon. Tout semble se dérouler à peu près normalement quand le dernier jour, avant le verdict, le vendredi 24 juin, après la plaidoirie matinale du premier des avocats d'Alain Laprie, qui a réclamé l'acquittement (avant lui, l'avocat général a requis quinze ans d'incarcération), le président de la cour d'assises ne revient pas de la pause déjeuner. (La poisse jusqu'au bout, dans ce dossier ?) Il ne reprend sa place qu'à 16 h 20 : il a appris quelque chose lors du repas, il ne dit pas quoi (simplement qu'il a eu « un contact avec un nouveau témoin »), il demande une suspension de séance pour un supplément d'information. Les deux parties refusent. Fait très rare, le procès est annulé et renvoyé. (Le journal *Sud Ouest* du lendemain constate que cette affaire « ressemble de plus en plus à un fiasco judiciaire ».)

Une nouvelle audience s'ouvre donc le 26 novembre 2018, toujours à Bordeaux. (On en sait un peu plus sur l'étrange supplément d'information réclamé par le président du premier procès. Au moment du déjeuner, il avait appris qu'un gendarme disait avoir des révélations à faire : pendant l'instruction, après le dernier interrogatoire d'Alain Laprie à la gendarmerie, et alors qu'on allait le conduire dans le cabinet du juge pour le mettre en examen, l'accusé lui aurait avoué, « en off », être effectivement l'auteur du crime. Après le renvoi du procès, le président a auditionné lui-même ce gendarme. Mais en 2018, curieusement en ce qui concerne l'accusation, aucune des parties n'accepte ce nouveau témoignage.) Le 30 novembre en fin de journée, les jurés rendent leur verdict : à la stupeur et à l'indignation des parties civiles, Alain Laprie est acquitté au bénéfice du doute, et sort du tribunal en souriant.

Dix jours plus tard, à la toute fin du délai légal, le parquet général fait appel de cette décision.

Le 17 février 2020, le troisième procès débute au palais de justice d'Angoulême. *Le Parisien* cite une déclaration d'Alain Laprie, qui comparaît libre : « Ça fait seize ans que ça dure, vous comprenez Monsieur le président ? Seize ans que j'entends les mêmes questions, que je dis que j'avais d'excellents rapports avec ma tante, seize ans que j'ai la conscience tranquille. » Le président ne comprend pas vraiment, non. Pendant les débats, pour pallier l'absence de Georges Novembre, il prend la décision de faire diffuser l'enregistrement vidéo de la confrontation entre l'accusé et son oncle, en 2010. L'émotion est forte, les jurés sont probablement un peu influencés par ces images, plus ou moins consciemment : ils condamnent Alain Laprie à quinze ans de réclusion criminelle. Il est directement conduit à la maison d'arrêt d'Angoulême. Et cette fois, c'est la famille Novembre qui sort du palais de justice avec le sourire, on voit Corinne, Christian et ses sœurs dans un reportage de France 3 (leur mère, Régine, n'est pas venue, elle a été malade toute la semaine), ils sont soulagés, heureux, c'est terminé.

Encore une fois : presque. Au mois de juin suivant, le condamné est remis en liberté (les parties civiles expriment leur colère, compréhensible) en attendant l'examen de son pourvoi en cassation – qui sera finalement rejeté un an plus tard, le 30 juin 2021.

On aperçoit Alain Laprie sur une ou deux photos dans la presse, de profil, et une seconde dans un reportage de France 3 sur le dernier procès, lorsqu'il pénètre dans la salle d'audience. Il a le visage fermé, l'air d'un homme d'affaires provincial un peu hautain, distant en tout cas, il porte des lunettes noires.

On a bien quelques doutes, tout ne semble pas parfaitement clair, impeccablement huilé et emboîté, mais c'est le principe même de la justice : si l'on disposait toujours d'une photo montrant l'assassin achevant sa victime, il ne s'agirait que de se pencher sur d'éventuelles circonstances atténuantes. Ce n'est pas le cas, jamais ou presque. Le principe, c'est qu'on demande aux jurés de décider, en leur âme et conscience.

Là, on se dit par exemple que ce qui a d'abord attiré l'attention des gendarmes sur Alain Laprie, c'est qu'il insistait lourdement pour pénétrer dans la maison afin d'y récupérer des documents. Le dernier testament, sans doute. Mais si c'est lui qui a tué sa tante, pourquoi n'a-t-il pas pris ce qu'il voulait avant de partir ? Parce qu'il n'a pas eu le temps, dans l'affolement ? Parce qu'il espérait que tout brûle ou explose ? Pourtant, on l'accuse en même temps d'avoir volé ledit testament, c'est même devenu l'un des principaux « indices » des enquêteurs. Donc il l'a dérobé avant de quitter les lieux mais il tient absolument à rentrer dans la maison pour le redérober ?

On peut s'étonner aussi que le réveil de la vieille dame, arrêté à huit heures moins cinq, soit utilisé pour accréditer l'hypothèse que l'incendie avait déjà débuté à cette heure. La chaleur intense aurait provoqué le dysfonctionnement. Mais il était dans la chambre de Marie. Peut-on à la fois affirmer que le feu a couvé pendant trois heures dans la chambre d'amis et qu'il faisait déjà assez chaud au bout de quelques minutes dans l'autre chambre, de l'autre côté du couloir, pour faire sauter un mécanisme d'horlogerie ?

Avec un peu de recul, on se rend d'abord compte qu'Alain Laprie était propriétaire d'une maison et d'un appartement à Bordeaux, qu'il avait plus de 50 000 euros en banque et que sa femme gagnait, en 2004, plus de 4 000 euros par mois. Au procès ou dans les journaux, on dit que Marie a laissé derrière elle une véritable fortune. (La justice compte 640 000 euros ; dans l'émission de W9 où l'on évoquait le costume blanc, on parlera de 750 000 euros.) Elle avait 90 000 euros sur ses comptes. Ce qu'on oublie, volontairement ou non, c'est que l'estimation de son patrimoine demandée par le juge d'instruction a été faite en 2009 et 2011, et non en 2004. Pour donner un exemple (non, non, ne nous noyons pas dans les chiffres – rendez-vous dans la parenthèse en fin de paragraphe pour les allergiques), le terrain sur lequel se trouve la maison brûlée est estimé à 210 000 euros. Selon le même barème de 2009, celui que Daniela Clémentine a acheté à Marie vaudrait 148 000 euros. Or, en 1999, elle l'a payé 150 000 francs, soit 22 900 euros. Si l'on considère que la progression du prix du mètre carré de terrain a été régulière entre 1999 et 2009 (ce qui est loin d'être sûr, il est probable que l'augmentation ait plutôt été exponentielle), on obtient, en 2004, un prix qui conduit à ôter 45 % au patrimoine immobilier de Marie tel qu'il a été défini par la justice. (Grosso modo, Marie ne possédait qu'à peine plus de la moitié de ce qu'on considère comme le mobile du crime, Alain Laprie aurait assassiné sa tante pour une « fortune » inférieure à la sienne.)

À propos de mobile, on est obligé de constater que l'accusation essaie de le laisser dans la brume, car elle est un peu embarrassée : celui de ses soldats – les gendarmes et le juge d'instruction – n'est pas le même que celui de son arme – le principal témoin. D'un côté, l'héritage, la cupidité, l'appât du gain ; de l'autre, la colère, le fils qui défend l'honneur de sa mère, traitée de salope, de pute. Au procès de 2018, l'avocat général avait écarté le meurtre crapuleux au profit du « meurtre réactionnel » (salope, pute) : Alain Laprie avait été acquitté. Au procès de 2020, l'avocate générale, au nom du peuple, a changé de stratégie et axé son réquisitoire sur l'oseille : Alain Laprie a été condamné. (Mais donc, en oubliant le seul « témoin », en négligeant sa version de la vérité ?)

Enfin, puisqu'on parle de pognon, de blé, de flouze, d'artiche, on peut chipoter encore un peu. L'accusation tient principalement sur la base d'une rupture des relations affectueuses et donc financières entre l'accusé et sa tante : depuis juillet 2003, elle ne lui faisait plus confiance, elle avait compris qu'il n'en voulait qu'à son argent, c'était terminé, ni lui ni sa sœur Brigitte n'auraient plus jamais rien ; il a mis un peu de temps à s'en apercevoir, à l'admettre, et lorsqu'il a réalisé que la source était définitivement tarie, il a voulu prendre in extremis et par la force, par le meurtre, la dernière chose qu'il lui restait à prendre, l'héritage. Mais quand les enquêteurs ont minutieusement examiné les comptes de Marie Cescon, ils ont pris soin de cacher, tout en dessous de la pile de documents récoltés, un relevé que leur a remis le directeur de son agence bancaire. En avril 1999, sa cliente avait souscrit un contrat d'assurance-vie, Antarius, dont les deux seuls bénéficiaires étaient Alain Laprie et Brigitte Avril ; elle avait fait un premier versement d'un peu plus de 30 000 euros à ce moment-là, un autre à peu près équivalent puis un de 6 000 euros en février et mars 2000, et un dernier de 34 800 euros, fin janvier 2004. La tante qui ne voulait plus entendre parler de son neveu ni de sa nièce, ces voraces, a ajouté 34 800 euros pour eux deux, alors que rien ne l'y obligeait, moins de deux mois avant sa mort, à une période où ceux que l'on a interrogés affirment qu'elle ne les supportait plus. C'est curieux. (Petite parenthèse populiste – je reconnais – et néanmoins ébahie : en cinq ans, la vieille dame a retiré 104 229,13 euros de son compte en banque pour les placer sur le contrat Antarius au profit de son neveu et de sa nièce. Un simple mouvement de fonds. Ensuite, elle est morte. Elle aurait mieux fait de leur donner cet argent directement. Car le 23 novembre 2005, Alain et Brigitte ont reçu 32 946,57 euros chacun : l'État, au passage, a pris 38 335,99 euros pour lui.)

On peut chipoter, mais ce sont en fin de compte des détails – et c'est toujours comme ça, très rares sont les affaires judiciaires dans lesquelles quelques trucs ne clochent pas, ne grincent pas, ne restent pas pour toujours incertains et bancals. Il faut décider, c'est ce qu'on demande aux jurys populaires, c'est le seul moyen, il faut s'enfermer dans une pièce pour délibérer, en essayant de se concentrer sur l'essentiel, le solide, le plus sûr – et décider. L'intime conviction sert à ça.

En France, on demande désormais à la cour et au jury des procès d'assises de motiver leur décision. Le 21 février 2020, le premier juré et le président de la cour d'appel signent donc ensemble un document de quatre pages, la « motivation », dans lequel ils expliquent pourquoi ils ont condamné Alain Laprie à quinze ans de réclusion criminelle. On peut y lire entre autres qu'Alain Laprie a « volontairement donné la mort » à sa tante et que les expertises ont révélé qu'elle était décédée « d'asphyxie par inhalation de la fumée générée par l'incendie ». Pour arriver à cette conclusion, sur quoi s'est-on appuyé ? On rappelle d'abord que « la dernière personne à l'avoir vue vivante est Alain Laprie » et que « la maison n'a pas été fouillée » – là, on doit faire une pause : avec toute la bonne volonté possible, ça ne va pas. Ils ne peuvent pas prendre pour axiome de départ qu'Alain Laprie est la dernière personne à avoir vu Marie Cescon vivante, puisque c'est justement ce qu'on leur demande de déterminer. (Cela revient un peu à : « Pourquoi sommes-nous certains qu'il n'y a pas de vie extraterrestre dans une autre galaxie ? Eh bien c'est très simple (il suffit pour raisonner efficacement de se baser sur ce dont nous sommes sûrs) : parce qu'on sait que les extraterrestres n'existent pas. ») D'autre part, ils considèrent comme avéré que la maison n'a pas été fouillée, alors que la moitié de ladite maison a été détruite, notamment le débarras où Marie cachait son argent ; ils affirment qu'Alain Laprie a « volontairement » tué sa tante mais Dieu seul le sait (en mettant le feu à la maison, il était bel et bien certain de la tuer, mais si on était empêcheur de tourner en rond, ou même en ovale, on dirait : s'il l'a tuée par accident, en la poussant contre l'arête du mur, ce n'était pas volontaire, et s'il a, ensuite, incendié la maison pour faire disparaître son cadavre et les traces qu'il portait, c'est qu'il pensait qu'elle était déjà morte, ce n'est donc pas un homicide volontaire) ; enfin, ils oublient de recopier correctement le rapport d'autopsie : Marie n'est pas décédée d'asphyxie par inhalation de fumée, mais par inhalation « de fumée et/ou de gaz ». Mais ne soyons pas trop tatillons, là ils ont l'explication : « La cuisinière n'était pas alimentée en gaz. Il est probable que le témoin ait cru à tort fermer l'arrivée du gaz, qui l'était déjà. » Ils remarquent également que « le portail d'entrée était toujours ouvert à 23 heures alors qu'elle le fermait chaque soir » (le « toujours » est habile, car rien ne dit qu'il n'a pas été fermé entre-temps), et en ce qui concerne les deux principaux atouts de l'accusation, ils statuent pour l'un que « rien ne permet de remettre en cause la fiabilité du témoignage de Georges Novembre », et pour l'autre : « Il est certain que la porte entre la cuisine et le couloir donnant sur la chambre où le feu a pris était fermée », donc « il existait bien un espace clos permettant le développement d'un feu couvant » et « le fait que le feu ait couvé est une hypothèse dont la possibilité est retenue par la majorité des experts ». La motivation de la cour et du jury est un calque de l'acte d'accusation, comme si la défense n'était pas passée par là entre-temps.

Le 2 septembre 2021, à 9 h 30 du matin, Alain Laprie, 65 ans, est incarcéré pour quinze ans à la maison d'arrêt d'Angoulême. Normalement, si tout se passe comme la justice l'a décidé, on n'entendra plus parler de lui.

Deux semaines plus tôt, le vendredi 20 août 2021, vers 15 heures, je suis sur un bateau. Mon dernier roman, *Au printemps des monstres*, est sorti avant-hier, et je vogue (superbe, debout sur le pont, les embruns dans la face) vers ma première séance de dédicaces en librairie, au Cap-Ferret. J'ai passé près de quatre ans à travailler sur ce livre, je n'en peux plus, j'ai envie de sortir de mon bureau pour plusieurs mois, de bouger, de voir des gens, je ne veux plus entendre parler d'écriture, de faits divers, de dossier d'enquête, je me dis même que je vais arrêter avec ce genre de sujet, celui-ci, complexe et dense et sombre, désespérant, clôturera bien la série, enfin on verra, de toute façon je ne pense plus à rien pendant un an au moins. Yahaa.

Le libraire, Patrick, est venu me chercher à la gare d'Arcachon, avec sa collaboratrice, Philippine. Nous avons déjeuné au bord de l'eau et nous voilà maintenant sur le bateau qui traverse le bassin. Je regarde la presqu'île au loin, qui approche, nous voguons,

voguons, je tourne la tête pour voir le sillage d'écume, je me tiens au bastingage, je me sens bien. Patrick s'approche de moi et me dit quelque chose que je ne comprends pas, à cause du vent et du bruit des vagues et du moteur, je n'ai pas envie qu'il me parle maintenant, je lui fais signe que je n'ai pas entendu – un signe dans lequel j'essaie d'inclure : « Tu me diras ça tout à l'heure ! » Il parle plus fort, il crie presque : « Il faut que je te présente un ami ! Tu le verras ce soir ! Il est dans une situation effroyable, tu peux peut-être l'aider ! » Misère. Le bateau tangue, le ciel s'obscurcit, je prends une gouttelette d'eau salée dans l'œil.

Au Cap-Ferret, sur le port, pendant que nous prenons à pied la direction de l'hôtel où je vais poser ma petite valise, il m'explique plus clairement : « Il a un gros problème avec la justice, tu vas voir, c'est une histoire de fous, je ne te dis rien, c'est compliqué, il t'expliquera ça bien mieux que moi. » Quand je lui demande, distraitement, si son ami va passer à la rencontre à la librairie (avec le fourbe projet de lui donner mon adresse mail entre deux dédicaces, en lui disant que je n'ai pas trop de temps en ce moment, je commence une longue tournée de promo, mais je lirai ce qu'il m'écrira avec le plus grand intérêt, bien sûr, et, promis, si je peux faire quelque chose…), Patrick me glace le sang : « Non, je ne crois pas, mais tu le verras ce soir, je l'ai invité à dîner à la maison, vous aurez tout le temps de parler tranquillement. » Misère – de misère. Depuis que j'écris des livres sur des affaires judiciaires, des injustices ou des mystères, ça m'arrive sans arrêt, par courrier, par mail, dans les librairies, les salons ou les médiathèques, et même au comptoir du Bistrot Lafayette : « Ma tante est dans une situation effroyable, son voisin fou, en Ardèche, l'accuse d'avoir tué son âne, c'est n'importe quoi mais elle risque gros, avec tout ce truc autour des animaux en ce moment, alors qu'évidemment elle n'y est pour rien, je vous jure que ma tante n'est pas du tout du genre à tuer des ânes, elle ne sait plus quoi faire, je lui ai parlé de vous, vous êtes son seul espoir. » « Vous connaissez l'histoire du cadavre sans jambes de Sainte-Ménehould ? En 1971... Non ?? Je suis sûr que vous pourriez en tirer quelque chose de formidable... » « Si je te raconte à quoi mon arrière-grand-mère s'est retrouvée mêlée en 1927, crois-moi, c'est le Goncourt assuré ! » J'aime qu'on me raconte des histoires, et ça m'intéresse, bien sûr, même si je ne peux pas écrire trois cent soixante-cinq livres par an, mais là, là non, flûte, le surlendemain de la sortie de mon livre, après seulement quelques heures à respirer (sous le ciel bleu, l'œil clair tourné vers l'avenir, dans le vent marin, soulagé, léger, humble et majestueux (su-perbe) sur les flots), avec la certitude réconfortante que je vais pouvoir profiter de la vie pendant un an sans plus penser à rien, ni au crime, ni à la prison qui étouffe, ni aux erreurs qui détruisent des vies, un an sans me prendre pour un justicier ou un redresseur de torts, là c'est la poisse : coincé chez Patrick le libraire face à un homme perdu qui tend une main tremblante vers ce qu'il croit être son dernier espoir, flûte.

Le soir, nous arrivons dans le grand jardin de Patrick, derrière sa villa. Une très longue table rectangulaire, plutôt des planches sur des tréteaux je crois, une bonne vingtaine de personnes, ou vingt-cinq, un barbecue, et des huîtres (au Cap-Ferret et dans la région, je ne savais pas (j'ai pas mal de lacunes régionales), on mange les saucisses avec des huîtres ; je mangerai les saucisses). On sent qu'on est dans la bonne société ferretcapienne, mais sans ostentation, tout le monde paraît sympathique, simple et de bonne humeur. On prend l'apéro, on discute, des médecins, des femmes d'affaires, des notables, on plaisante, on sourit, je balaie discrètement l'assistance des yeux, personne ne semble dans une situation effroyable. Je me sens moi-même plutôt à l'aise, c'est une surprise, après plus de trois ans enfermé dans ma grotte, depuis hier soir à Paris j'ai mis mon interrupteur en position « Sociable » et ça fonctionne à peu près, je n'ai pas envie de courir me terrer quelque part, je bois le bon whisky de la maison, vivement les saucisses.

Quelques personnes qui n'ont pas pu venir à la librairie ont apporté leur livre, me demandent si ça ne m'ennuie pas de le leur signer sur un coin de la table, bien sûr que non, avec plaisir, je suis là pour ça, je me ressers un whisky et j'arrive. Un homme auquel je n'avais pas prêté attention, que je n'avais même pas vu, qui pourtant dénote un peu, en jean et chemise bleu ciel, l'air timide, s'approche de moi, trois livres dans les mains. Je lui dis quelque chose comme : « Ah, voilà un bon client ! » Il me propose d'entrer dans la maison, ce sera plus pratique pour signer, il y a une table basse dans le salon. Hum. Je le suis, il referme la porte derrière nous. Bon sang.

Je m'assieds sur le canapé, je fais comme si de rien n'était, je sors mon stylo, j'ouvre le livre à la page de garde : c'est pour qui ? « Celui-là c'est pour moi, Alain. Je m'appelle Alain Laprie, Patrick vous a peut-être parlé de moi. » Et voilà.

Il me raconte ce qu'il lui arrive – il a les yeux clairs, il semble un peu gêné, embarrassé. Je n'ai jamais entendu parler de cette histoire qui date de 2004, elle n'a donné lieu qu'à quelques papiers dans les quotidiens locaux (deux ou trois dans *Le Parisien* aussi, au moment du dernier procès, et deux reportages que je n'ai pas vus, dans *Enquêtes criminelles* sur W9 et *Crimes*, l'émission low-cost de Morandini sur NRJ12). Il me dit que son pourvoi en cassation vient d'être rejeté, qu'il va être incarcéré dans quelques jours, qu'il est innocent, qu'il aimait beaucoup sa tante, qu'il n'avait pas besoin de son argent, qu'une partie de la famille a tout fait pour l'enfoncer et toucher l'héritage, qu'ils ont menti, que les gendarmes étaient de leur côté parce qu'ils en connaissaient un, que l'enquête a été honteusement menée à charge, qu'ils sont allés jusqu'à faire croire aux jurés que le feu avait pu couver pendant trois heures. Il me donne l'impression d'un homme désespéré, qu'on a épuisé, qui n'y croit plus. Et soudain, c'est beaucoup moins pathétique et drôle – cyniquement drôle – que lorsque j'y pensais une demi-heure plus tôt : les fesses au bord du canapé, je ne me sens plus cynique du tout. C'est bête à dire mais Alain Laprie a l'air gentil, timide et sincère.

Pendant le dîner, je suis assis presque en face de lui, j'essaie de l'observer sans qu'il s'en rende compte (ces saucisses sont délicieuses – et la femme de Patrick, Roseline, pour remplacer les huîtres, m'a apporté du foie gras (les saucisses au foie gras, ça passe pas mal, je trouve, chacun son truc)), je lui parle peu, il discute avec sa voisine de droite, une brune pimpante qui me fait face, je vois cependant qu'il est ailleurs et essaie de faire bonne figure, je suis étonné qu'il y parvienne mais je sais – je suis peut-être le seul, avec Patrick – que c'est une pudeur, une politesse pour ne pas faire peser ses problèmes sur la table joyeuse, il est faussement détendu, un masque de légèreté, il fait des efforts pour n'embêter personne, il m'épate. Nous ne parlons pas de ce qu'il m'a dit plus tôt, je respecte les apparences.

Ce n'est qu'à la fin de la soirée, quand on s'apprête à partir, que je comprends que la femme blonde, discrète, qui était assise juste à ma gauche et dont je pense n'avoir même pas entendu la voix (mais elle discutait peut-être avec sa voisine de l'autre côté), est l'épouse d'Alain, Mariane. Je me rends compte, en parlant quelques instants avec eux deux dans l'allée qui mène à la rue pendant que les invités s'en vont (nous serons tous les trois les derniers à quitter le jardin), qu'ils ne connaissaient quasiment personne ici, hormis Patrick le libraire. Ils étaient comme ajoutés, non prévus, et donc un peu mal à l'aise – je l'aurais été aussi. Les invités du soir, encore une fois, n'avaient rien de mondain ni de prétentieux, au contraire, mais Mariane et Alain ne paraissaient pas vraiment à leur place, il me semble que ce n'est pas leur monde, je les vois plutôt « potes et famille » que dîner de cercle. Ils ne sont là que parce que Patrick a voulu nous présenter.

J'essaie de leur montrer que j'ai cru ce que me disait Alain, que ça me touche et me remue, ils essaient de sourire, ils ont tous les deux dans les yeux quelque chose de fragile, inquiet, perdu presque. Je regrette l'image du malheureux qui tend une main tremblante, je m'en veux, crétin. Ils me sont immédiatement très sympathiques. Je leur donne mon adresse mail sans hypocrisie, en espérant vraiment qu'ils m'écrivent, qu'ils me tiennent au courant, qu'ils ne m'aient pas trouvé trop distant ou poli par obligation, mais sans savoir si je pourrai ou non les aider un peu.

Ils me sont très sympathiques mais je reste lucide. Je suppose que si j'avais rencontré Guy Georges avant son arrestation, il m'aurait paru très sympathique – si on avait évoqué, chez un ami commun, en mangeant des saucisses, ces meurtres abominables de jeunes femmes (dont un tout proche de chez moi et du Bistrot Lafayette, celui d'Hélène Frinking, la fille d'Anne Gautier – je regarde la porte de bois clair, qui n'a pas changé, chaque fois que je passe devant, tous les jours), je l'aurais trouvé gentil, timide, sincère, innocent. Je suis un peu tarte, je fais confiance.

En rentrant chez moi, à Paris, je regarde ce que je peux trouver sur le Net : quelques papiers, ceux du *Parisien* et de *Sud Ouest*, dans lesquels, si l'on ne conteste pas la condamnation d'Alain Laprie, « le neveu préféré », qui semble bien être le coupable, on ne l'accable pas non plus, on laisse entendre tout de même, objectivement, que l'accusation ne dispose que d'éléments assez flous ; et les replays des deux émissions de télé, qui prennent moins de pincettes et de recul, qui sortent les gros sabots.

Sur W9, le titre est : « L'assassin se cache dans la famille » – sur NRJ12 : « Un héritier trop pressé ». On y apprend, sur W9, que Marie était à la tête d'une « immense fortune », et d'un « joli pactole » sur NRJ12. Sur W9, on voit, en « reconstitution », le meurtrier frapper la vieille dame par-derrière, avec une bûche. On y entend un avocat de la partie civile (appelons-le Me Hibiscus) affirmer que la blessure n'est pas due à une chute de Marie mais qu'on lui a porté un coup à la tête, une de ses deux consœurs

(Me Orchidée), l'air très sûre d'elle : « D'après les légistes, la blessure derrière la tête peut avoir été causée par un bout de bois. » Me Orchidée encore déclare que Marie avait donné à Alain 300 000 francs en bons au porteur, qu'elle voulait les récupérer mais qu'il refusait. Sur NRJ12, Me Hibiscus : « Il s'avère que le neveu est un homme intéressé par l'argent, un homme qui aime l'argent, le mobile est tout trouvé », et Orchidée : « Il vit la grande vie, il a besoin d'argent. » Ça commence à m'intéresser vraiment. Sur W9, le commentaire, une voix à la fois pathétique et mielleuse, ne fait pas non plus dans la délicatesse prudente : « Manque de chance pour le tueur, Marie Cescon, comme beaucoup de vieilles dames, avait l'habitude de fermer l'arrivée du gaz… » ; « Les analyses prouvent que le tueur a déclenché l'incendie avec l'essence de la tronçonneuse » ; « Le médecin généraliste de la vieille dame révèle qu'elle lui a confié être victime de harcèlement de la part de son neveu » ; je me dis qu'il faudra que j'essaie de vérifier tout cela, si je peux.

Après avoir regardé les deux émissions, je prends conscience de quelque chose, assez rare dans ce genre de programme : elles sont entièrement à charge, pas un seul intervenant – avocats, voisins, proches, membres de la famille – n'est « favorable » au condamné, 100 % des personnes que l'on voit à l'image sont là pour l'enfoncer. (J'apprendrai plus tard que les avocats d'Alain ont refusé d'entrer dans ce jeu-là, de « s'abaisser » à participer à ces simulacres de reportages, et ont conseillé à Mariane et aux proches d'Alain de faire de même. Ce n'était peut-être pas l'idée de la décennie.) Michel Mary, le journaliste du *Nouveau Détective*, éternel (et formidable) consultant, est même obligé, par conscience professionnelle sans doute, de quitter son rôle d'observateur neutre, de raconteur, pour tempérer l'ivresse de la curée. Il explique que si l'instruction a duré aussi longtemps (seize ans entre le meurtre et la condamnation), c'est que le juge n'avait « pas assez de billes », et même quasiment rien contre le mis en examen, il voulait renforcer le dossier, il cherchait. « Avoir une intuition à la Maigret, dit-il dans l'émission, c'est bien, mais il faut quand même étayer un petit peu son accusation. » Il est également le seul à ne pas forcément croire l'oncle d'Alain Laprie, Georges Novembre, sur parole : ce qu'il dit, cet aveu que lui aurait fait son neveu, « Est-ce que c'est vrai ? Est-ce que c'est un mensonge ? On n'en sait rien ». Heureusement qu'il est là.

Dix jours après la soirée barbecue dans le jardin, je n'ai toujours pas de nouvelles d'Alain et Mariane. Finalement, malgré mes efforts, ils ont dû penser que je m'en foutais, de leur histoire.

Le 1er septembre 2021, à 11 h 23, je reçois un mail d'Alain Laprie : « La décision tant redoutée est tombée hier, un des avocats me l'a appris ce matin, je suis convoqué demain à 9 h 30 à l'hôtel de police pour mise en application de la peine. » Il m'explique que ses avocats n'ont pas déposé de requête à la Cour européenne des droits de l'homme, comme il le leur avait demandé, il comprend que tout est fini pour lui, il perd définitivement sa liberté. Je le revois devant moi à la grande table, dans le jardin, buvant une gorgée de vin blanc, parlant de rien avec sa pimpante voisine. C'est très dur aussi pour Mariane et Valentin, « nous sommes catastrophés de cet état des choses ». Je lui réponds et reçois un deuxième et dernier mail le lendemain, 2 septembre 2021, à 9 h 16, écrit sans doute devant l'hôtel de police : « Merci beaucoup pour votre soutien. Cela me touche beaucoup. Mariane entrera en contact avec vous rapidement. Il nous sera possible de communiquer par courrier. Ce matin, mon téléphone et mes mains tremblent. Avec toute mon amitié, Alain. »

Les jours suivants, en effet, Mariane m'écrit. Elle est effondrée, incrédule, même si évidemment elle savait que ça allait arriver, qu'il n'y avait presque aucune chance que l'homme qui partage sa vie depuis vingt-cinq ans puisse sortir du système au dernier moment, le coup est rude, l'absence soudaine. Elle se sent seule, elle ne sait pas quoi faire pour aider son mari englouti par la machine. Qu'il soit coupable ou innocent (c'est moi qui le dis, elle n'a pas de doute, elle sait qu'il est innocent), elle a perdu l'homme qu'elle aime, on l'a pris, on l'a enfermé loin de tout.

Quelque temps plus tard, j'ai une séance de dédicaces à la librairie Mollat, à Bordeaux, nous convenons d'en profiter pour nous voir, nous avons rendez-vous dans un café après la rencontre. Valentin est là aussi, il est venu passer quelques jours avec sa mère – il avait six ans le jour de la mort de Marie, il était au centre aéré des Jeunes de Saint-Augustin dans l'après-midi, il a 24 ans aujourd'hui, il me fait penser à mon fils. Nous sommes tous les trois en terrasse, au soleil devant deux bières et un verre de vin blanc. C'est l'heure de l'apéritif, les tables sont installées sur la rue piétonne, des gens passent de part et d'autre. Le téléphone de Mariane sonne, c'est Alain. Il est dans sa cellule, avec trois codétenus, des jeunes pas tendres, ni causants. Il parle brièvement, à demi-mot, de violence latente, de tension. On sent qu'il fait des efforts pour ne pas inquiéter sa femme et leur fils, pour s'exprimer posément, d'un ton calme et presque léger, mais sa voix tremble, il semble au bord des sanglots, prend sur lui, se contrôle. C'est une sensation étrange, douloureuse, d'entendre la voix d'un homme qu'on sait coincé dans un trou de béton, et d'essayer, sur cette terrasse, de lui parler normalement.

Ensuite, nous allons dîner, Mariane, Valentin et moi, dans un restaurant voisin que Mariane aime bien. Je suis peut-être un peu tarte parfois, mais là je sais, sans un doute possible, que je suis face à deux bonnes personnes, honnêtes, lucides, sensibles, intelligentes et sincèrement accablées, effarées par ce qui arrive à leur mari et père. Mariane me parle de l'affaire, de la famille, l'autre partie de la famille, de ce qui ne va pas dans le dossier – j'en ai obtenu une copie la semaine dernière, des milliers de pages, je commencerai la lecture en rentrant, j'attendais cette rencontre à Bordeaux.

Les jours, semaines et mois suivants, j'échange très régulièrement de longs mails avec Mariane, qui est une femme formidable. Elle voit Alain tous les vendredis, il tient le coup mais c'est difficile, très, il a attrapé le Covid, on l'a isolé avec un autre détenu qui l'avait contracté aussi puis il a retrouvé les trois qui partagent sa cellule, où l'atmosphère est lourde, crispée – en dehors de ces quelques mètres carrés aussi : il hésite même parfois à sortir dans la cour de promenade. Nous nous écrivons, sur papier bien sûr, une ou deux fois par semaine (je prends conscience que la dernière fois que j'ai rédigé des lettres à la main, du moins plusieurs de suite, c'était en 2012, quand je préparais l'écriture de *Sulak* : je correspondais avec le frère de Steve (le complice et ami, jusqu'à la mort, de Bruno Sulak), Miki, qui était alors incarcéré à Fresnes), le temps de l'aller et retour de la Poste, je lui pose des questions sur ce que je trouve dans le dossier (comme avec Mariane par mail), il creuse dans ses souvenirs, il me parle peu de ses conditions pénibles de détention, il ne se plaint pas.

Mariane passe à Paris, elle vient rencontrer une nouvelle avocate pour Alain, dont lui a parlé son cousin Bernard, Me Muriel Ouaknine Melki, qui la reçoit dans son cabinet du boulevard Saint-Germain. Mariane est un peu intimidée, pas très à l'aise, mais l'entrevue se passe bien, l'avocate lui plaît, elle paraît sérieuse et déterminée, compétente, intègre, énergique – elle lui dit qu'elle va étudier le dossier, aller voir Alain à Angoulême, et qu'elle n'acceptera de le représenter que si elle estime qu'il est innocent ; car ce n'est pas une affaire de défense comme une autre, il n'y a logiquement plus rien à faire pour son éventuel client, hormis tenter d'obtenir une révision du procès mais on sait que c'est souvent illusoire, la justice est une vieille et grosse dame pas facile à bouger, il faut apporter un « élément nouveau » et ce n'est pas peu dire, les révisions sont rarissimes. La vieille dame n'aime pas qu'on lui cherche des poux dans la tête, elle donne des coups de canne.

Après leur rendez-vous, je retrouve Mariane près de la gare du Nord, et Valentin qui habite tout près, nous déjeunons à quatre, avec le cousin Bernard, bon gars aussi (une famille normale, une bonne famille, frappée par la foudre). Comme la fois précédente, cette impression déstabilisante, acide : profiter des choses agréables, se sentir frivole, bien éclairé, sourire, et parler d'un homme immobile, loin, écroué dans l'ombre. Mariane doit vivre ça tous les jours. Elle est assise à ma droite, je l'observe en coin, elle me fait penser à son mari au Cap-Ferret, elle cherche la légèreté, elle fait illusion, mais je vois qu'elle surnage, elle survit. Pendant le déjeuner, naturellement, nous ne discutons que d'Alain, de l'enquête, des procès. Elle nous raconte, entre autres, deux anecdotes.

Quelque temps après le premier procès, celui de 2016, annulé au dernier moment à cause de la prétendue révélation tardive d'un gendarme anonyme, dont on n'a plus jamais eu de nouvelle, elle a croisé un homme dans un magasin de Bordeaux, qui l'a reconnue et s'est approché d'elle. C'était l'un des jurés. Il lui a confié – elle ne sait pas s'il en avait le droit – qu'au dernier jour, au moment de l'interruption, il ne faisait pas de doute pour le jury qu'Alain Laprie devait être acquitté.

À la fin du dernier procès, celui de 2020, après le verdict, une scène l'a choquée. Elle sortait sonnée du palais de justice, son mari venait d'être condamné à quinze ans de prison, elle a vu un gendarme discuter avec les parties civiles (constituées désormais, en plus de la sœur et la femme de Georges Novembre, de ses trois enfants, Christian et ses sœurs – et même Corinne, la femme de Christian). Ils formaient un petit groupe. Elle n'a pas aimé. Valentin a assisté à la même scène, il n'a pas aimé non plus. Mais ce qui les a le plus consternés, c'est que, ensemble, le gendarme et eux, ils riaient de bon cœur.

Les jours, semaines et mois suivants, je passe tout mon temps libre à lire puis relire le dossier d'enquête et d'instruction, à noter, recopier, relire, recouper. Chaque jour qui passe, je suis un peu plus abasourdi par ce que je découvre. Je suis légaliste, une société tient par ses lois et sa justice, j'aime la société donc j'aime la justice et les lois (et je suis dépité, affligé, effrayé par l'état du système judiciaire français qui s'effondre, débordé – en novembre 2021, trois mille magistrats et greffiers signent une tribune alarmante, ils sont rejoints le mois suivant par de nombreux avocats et manifestent dans toute la France, notamment devant le ministère de l'Économie et des Finances, pour plus de moyens, de meilleures conditions de travail, mais tout cela ne paraît pas inquiéter grand monde et ne suscite que bien peu d'écho, de conséquences utiles), j'aime la rigueur des lois, la lettre, indispensable, mais aussi leur souplesse, la possibilité de les interpréter avec humanité, esprit, et même de les changer si elles ne conviennent pas, j'aime la justice qui les applique ou les tempère – mais quelle justice, de quelle société, peut engendrer ou même simplement permettre une chose pareille ? Je pense à Alain et je me pose la même question du matin au soir : comment est-ce possible ? Comment peut-on décider de couper un homme de sa famille et de ses amis, de le priver de sa liberté, comment peut-on lui ôter la plupart des années qui lui restent à vivre en s'appuyant sur de telles inepties, de telles manœuvres ?

L'une des premières choses qui me déconcertent à la lecture du dossier, c'est la rapidité avec laquelle tous les soupçons se sont orientés sur Alain Laprie, qui saute aux yeux quand on tourne les pages une à une, quand on lit les procès-verbaux, les commissions rogatoires et les rapports de synthèse dans l'ordre chronologique. Ou plutôt, la rapidité avec laquelle on écarte toutes les autres possibilités, les autres éventuels témoins : ses lignes téléphoniques fixe et portable sont placées sur écoute dès le 20 mars, à peine plus de quarante-huit heures après la mort de sa tante, et en parallèle, rien n'est fait en direction de qui que ce soit d'autre. (Si, on met également sur écoute le filleul de Marie, Pascal Mars, parce qu'on a trouvé une plainte contre lui à la gendarmerie, mais – ce qui semble à peine croyable – on ne l'interrogera pour la première fois que le 22 mars 2010, six ans après les faits. D'ailleurs, il donnera quelques informations très étonnantes dont on ne tiendra pas le moindre compte.) On ne pose pas une seule question à Corinne Novembre, qui était pourtant sur les lieux une heure avant le drame, selon le timing décidé par l'accusation – on ne se tournera vers elle que des années plus tard, et seulement pour aider à confirmer les révélations de son beau-père. On interroge quand même son mari, Christian, autre témoin important, mais trois semaines après les faits. Il ne dit rien de passionnant (il donne une heure de départ qui ne correspond pas à celle qu'a constatée une voisine, mais peu importe), on le laisse tranquille, à juste titre sans doute. Mais c'est une question de principe. Toute personne et toute question qui ne permettent pas a priori de consolider l'intime conviction des enquêteurs sont laissées de côté sans gêne. C'est parfois anecdotique, mais c'est la non-intention qui compte. Le gaz, par exemple. Lors de son audition, Lucien Framboise déclare de lui-même que c'est lui qui remplaçait les bouteilles de gaz vide de sa voisine d'en face : est-ce qu'on prend deux secondes et quart pour lui demander en passant quand est-ce qu'il a installé la dernière, histoire de calculer approximativement la quantité de gaz qu'il restait dedans au moment où on a tourné les trois boutons ? Non, bien sûr – de toute façon cela n'aurait servi à rien, puisqu'on a fini par décider que le robinet de cette bonbonne était fermé. Ou bien le portail : il constitue l'une des « preuves » que Marie a été tuée à 19 h 30, puisque sinon, elle l'aurait fermé. Pas une fois dans le dossier n'est évoquée la possibilité qu'elle l'ait fermé, et qu'elle ou quelqu'un d'autre l'ait rouvert plus tard, avant 23 heures. Pourtant, quand on auditionne Thierry Cassis, le voisin de Daniela Clémentine derrière chez Marie, qui est rentré chez lui ce soir-là vers 20 h 30, qui est donc passé devant chez Marie, au ralenti, avant de tourner dans le chemin qui mène à sa maison, on lui demande s'il a remarqué que le portail était ouvert à cette heure. Il répond : « Non, elle a pour habitude de le fermer. » (Sans être tordu ni tirer quelque cheveu que ce soit, on comprend qu'il était fermé, ou du moins qu'il aurait tiqué s'il avait été ouvert, non ?) On pose la même question à Paulette Framboise, qui a vu passer sa voiture au moment où elle sortait de chez elle pour fermer ses volets : elle n'habite pas tout à fait en face de chez Marie, donc non, on ne voit pas le portail depuis chez elle, il est caché par les arbres qui bordent la route. Elle précise, là encore d'elle-même, sans qu'on lui ait rien demandé, que son voisin et beau-frère Gilles Cerise était en train de fumer paisiblement devant chez lui, profitant de l'air doux du soir. Lui vit juste en face de chez Marie, il avait le portail sous le nez, de l'autre côté de la route. La seule fois où on l'a auditionné, a-t-on pensé à lui demander quelque chose à ce sujet, vite fait ? Oh ben non, dis, ça va comme ça, les questions sur le portail.

En revanche, à Alain Laprie, les gendarmes ont beaucoup de questions à poser, toujours les mêmes, avec une insistance qui rappelle celle de la mouche désirant passer à travers une vitre, et des méthodes pas toujours très réglementaires – du moins, c'est ce que je pensais jusqu'à ce que j'en parle à Pupuce, mon ami flic du quartier, qui tient à ce que, plutôt que Pupuce, je l'appelle « Monsieur le divisionnaire » dans mes livres (c'est fait, je n'ai qu'une parole) et qui était encore récemment commandant à la 2e division de police judiciaire de Paris (il vient d'être muté dans les Pyrénées-Atlantiques, à sa demande – il n'en pouvait plus de baigner chaque jour ou presque dans le sang, les règlements de comptes et les crimes les plus sordides, la misère nauséabonde de la mort (l'une de ses dernières « affaires » : une malheureuse en déroute est décédée d'une sorte d'overdose de gel hydroalcoolique (elle remplissait sa bouteille de Cristaline à tous les distributeurs automatiques qu'elle trouvait, dans les transports en commun ou les magasins, et en buvait plus d'un litre et demi par jour), son compagnon d'une quarantaine d'années, dévasté de chagrin, entendu pour définir les conditions exactes de la mort de son amour, s'est jeté par la fenêtre du deuxième étage du commissariat), cette nouvelle vie dans le Sud-Ouest est une bonne chose pour lui, mais le comptoir du Bistrot Lafayette n'est plus le même depuis son départ). À plusieurs reprises, lors des nombreux interrogatoires d'Alain, j'ai été étonné (disons) de constater que les gendarmes prenaient certaines distances avec la vérité (disons). J'ai pensé que ce n'était pas très honnête ni loyal mais peut-être de bonne guerre, on voit souvent ça dans les films – quand on a de forts soupçons, quand le flair du limier fonctionne à plein régime, tous les moyens sont bons pour confirmer son intuition, j'imagine. J'ai donc demandé au divisionnaire

Pupuce si ça se faisait, si c'était une pratique courante pour faire avouer un suspect. Il m'a répondu que ça se faisait, oui, bien sûr. Mais discrètement, off record. Car s'il existe une preuve, noir sur blanc, qu'un enquêteur a menti durant un interrogatoire pour piéger la personne qu'il interrogeait, c'est une cause indiscutable d'annulation du procès-verbal d'audition concerné. Ah.

Parfois, les gendarmes sont prudents. Le 22 juin 2004, Alain est placé en garde à vue à 8 h 30, Mariane interrogée de 9 h 30 à 11 h 30. (Elle ne fait que confirmer strictement ce que déclare son mari depuis trois mois. Elle précise qu'on lui a téléphoné à 9 heures pour lui annoncer qu'il était placé en garde à vue, et qu'elle ne savait même pas qu'il s'était rendu ce matin-là au commissariat – ce qu'il a d'ailleurs indiqué de lui-même dès le début de son interrogatoire : il est stupéfait par cette garde à vue, il pensait qu'on le convoquait pour récupérer des papiers.) À l'issue de cette audition de Mariane, l'adjudant X annonce triomphalement à Alain qu'il peut arrêter ses salades (en gros), sa femme vient de tout avouer. Alain rigole (jaune, je suppose), sachant que ce n'est pas possible, et dit que dans ce cas, parfait, ce n'est plus la peine de continuer à lui faire subir cet interrogatoire puisque tout est dit. Évidemment, ça ne donnera rien. (C'est Alain qui m'a raconté cette tentative grossière, Mariane me confirmant de son côté qu'il lui en avait parlé le soir en rentrant chez eux, aussi amusé, façon de parler, qu'alarmé par l'inquiétante tournure des choses.)

Mais au moins, il n'existe aucune trace de cet « ingénieux » stratagème : bien joué X.

Parfois, ce n'est pas une ruse volontaire, c'est plutôt de l'étourderie, de l'incompétence ou de la bêtise. Des gendarmes ont entendu Céline Juin (l'une des nièces dont Marie a mis le nom sur son dernier testament) parce qu'Alain Laprie prétendait que son oncle, Georges Novembre, était venu la voir pour lui demander de signer un document dans lequel elle se désisterait de sa part d'héritage. Elle leur a expliqué que c'était n'importe quoi, et elle avait bien raison : ce qu'Alain a prétendu, en réalité, c'est que Georges était venu voir sa mère, Anne Laprie, pour lui demander de signer un document dans lequel elle se désisterait de sa part d'héritage. (On s'est juste trompé de femme, allez, c'est pas un drame.) Et on comprend que Céline Juin commence vraiment à s'énerver quand elle apprend de la bouche de l'adjudant X, toujours lui, qu'Alain Laprie a déclaré l'avoir congédiée parce qu'elle réclamait de l'argent à sa tante pour faire agrandir un chemin. Quoi ?? Mais on peut ici raisonnablement supposer que l'adjudant X ne sait pas bien lire. Car il a trouvé cette information dans le rapport d'évaluation psychologique rédigé par une experte qui écrivait : « Alain Laprie évoque la rédaction du testament par Mme Gisèle Octobre au bénéfice de la famille de son oncle (les trois enfants de M. Georges Novembre, ainsi que Mme Josy Décembre et Mme Céline Juin). Il évoque un conflit avec cette dame qu'il aurait congédiée car elle réclamait de l'argent à Marie

Cescon pour faire des travaux sur un chemin. » La parenthèse, X, la parenthèse ! (C'est important, quand même.) La dame en question, celle qui a écrit le testament, n'est pas Céline Juin mais Gisèle Octobre, dont on parle juste avant l'ouverture de la parenthèse. (L'adjudant aurait pu trouver l'info exacte dans les auditions d'Alain plutôt que dans le rapport d'une experte qui les résume. Mais apparemment, on l'aime bien, ce rapport de l'experte. On s'en est servi pour autre chose, et cette fois on peut difficilement invoquer l'excuse de l'étourderie. La psychologue reproche à Alain son manque d'expression et (donc ?) d'implication affectives face à la mort de sa tante, et constate qu'elles sont « recouvertes par une description factuelle », c'est-à-dire qu'il pense avant tout à se défendre des accusations « par la rationalisation ». (Personnellement, je le comprends un peu...) Juste au-dessus, dans le même paragraphe du rapport, elle parle de son enfance : « Un homme dont l'histoire familiale et le parcours sont apparemment sans histoire ni conflit majeur et qui ne semble pas avoir traversé de turbulences relationnelles affectives. » (C'est vrai.) Mais dans le réquisitoire et l'ordonnance de mise en accusation, on préférera faire un petit mix de ces deux constatations, c'est mieux, ça simplifie les choses. On y décrit – très officiellement, donc – « une histoire familiale où l'implication affective est peu présente, recouverte par la rationalisation ». C'est en partie là-dessus qu'on s'appuiera lors des procès pour juger Alain

Laprie : il a grandi dans une famille froide, où l'affection est écartée au profit du factuel. Le contraire de la réalité.) Un dernier mot sur ce chemin à élargir, qu'on s'arrache : selon Corinne et Christian Novembre, c'était l'une des raisons de l'énervement de Marie contre Alain, qui voulait qu'elle paie les travaux sur celui qui mène à sa parcelle boisée. Ça ne peut pas être vrai. Ce chemin qui mène au petit bois, c'est celui qui mène aussi et surtout aux maisons de Daniela Clémentine et Thierry Cassis toutes proches ; il a été élargi de manière réglementaire lorsqu'elles ont été construites, en 1999.

Parfois enfin, ce que font les gendarmes, ils le font consciemment, et noir sur blanc (c'est là que Pupuce et ses lumières prennent toute leur importance). Le 22 juin 2004, l'adjudant X interroge Alain et lui dit : « Les experts concluent que le feu qu'il y a eu chez votre tante a couvé, qu'avez-vous à dire ? » Ça ne peut pas être plus faux. Le premier expert, Roland Klein, vient de rendre son rapport le jour même, le 22 juin, et ne fait absolument aucune allusion à un feu couvant. Le juge d'instruction, embêté, lui commandera un second rapport, en lui demandant explicitement de se pencher sur la possibilité que le feu ait pu couver. Il le rendra le 6 octobre 2004, et conclura : « L'hypothèse d'un feu couvant nous paraît ne pas pouvoir être retenue. [...] Nous estimons que le délai qui s'est écoulé entre l'initiation du feu et le premier constat est de l'ordre de grandeur de 20 à 25 minutes maximum. » Face à l'affirmation de X, Alain a de quoi perdre un peu de sa belle assurance d'innocent : le feu a pris alors qu'il était chez sa tante ? Ou juste quelques minutes plus tard ? Je me mets à sa place. Mensonge, X.

L'adjudant, ce jour-là, lui dit encore : « Quasiment tous les membres de la famille étaient au courant de l'existence d'un nouveau testament, pourquoi pas vous ? » L'adjudant X a probablement passé son enfance et sa jeunesse entre la Canebière et le Vieux-Port. Seul Anatole Poivron le savait et avait vu – dit-il – le brouillon. Josy Décembre, la sœur de Marie, a expliqué que celle-ci lui avait déclaré au téléphone vouloir modifier ses dispositions, « changer son fusil d'épaule », et c'est tout. Même Georges Novembre affirmera qu'il n'était informé de rien de ce genre. Alain, s'il fait confiance au gendarme X, doit se sentir bien mal à l'aise dans la salle d'interrogatoire : tout le monde savait sauf lui ? tout le monde parlait dans son dos ? sa tante lui jouait la comédie ? Et ce n'est pas fini. X évoque ensuite Pascal Mars, contre qui Marie avait porté plainte pour vol d'argent liquide à l'automne 2003. Ne reculant devant rien, il affirme alors à son suspect que Pascal, interrogé à l'époque par les gendarmes, avait « renvoyé la balle » sur lui, « qu'en pensez-vous ? » – c'est un nouveau mensonge éhonté, Pascal Mars (dont je reparlerai bientôt) n'a jamais dit le moindre mot de travers sur son cousin Alain, au contraire.

Si j'en crois Pupuce donc, ces basses méthodes, souvent utilisées en douce, ne sont pas seulement « pas très réglementaires », mais interdites ; ces pièces du dossier ne sont pas valables.

Cela n'a jamais été souligné par aucun des avocats. (Mais c'est purement théorique, les cas d'annulation sont plus que rares, je n'en parle ici que parce que je ne le savais pas et que cela me paraît intéressant (la vie n'est pas comme au cinéma, donc), je ne me fais évidemment aucune illusion au sujet de ces PV en particulier – et de toute façon il est trop tard, ils sont désormais « couverts par la procédure », comme on dit, on ne peut plus rien faire.) Les exemples sont pourtant innombrables dans le dossier. (Le major Y, lorsqu'il poursuivra le travail de l'adjudant X, reprendra son flambeau et ajoutera sa petite touche personnelle. Entre autres, entre bien d'autres, pour ce qui est du testament, il écrira dans un rapport daté du 15 novembre 2011 : « L'exemplaire détenu par Marie Cescon, bien qu'elle l'ait montré à plusieurs personnes, n'a jamais été découvert à son domicile. » Avant, plusieurs personnes étaient au courant, maintenant plusieurs personnes l'ont vu. Mais de cela aussi, le testament, il faudra reparler. (Je ne suis pas certain de très bientôt sortir – ni même trouver la porte – de l'auberge.)) Un autre gradé du commissariat de mon quartier, qui a la chance, lui, d'être surnommé le Squale (ne t'énerve pas, Pupuce, c'est la grande loterie des surnoms, on ne choisit pas), m'a expliqué au comptoir du Lafayette que dans la police, une enquête de ce genre, où on fait n'importe quoi, on appelle ça une enquête « gendarmesque ».

J'ai pu me procurer récemment un document qui manquait au dossier, et qui explique clairement ce qui s'est passé lors du renvoi du premier procès, en 2016, le dernier jour, quand Alain Laprie allait (probablement) être acquitté. Pendant le déjeuner, le président de la cour a « appris qu'un gendarme détenait des éléments d'information importants ». On se demande avec qui il déjeune, le président. Et surtout, que fait-il à ce moment-là ? Il téléphone lui-même au gendarme en question, qui lui explique le topo. Bon déjeuner, fructueux. De retour en salle d'audience, à 16 h 20, le président propose qu'on entende le témoin providentiel en visioconférence. Toutes les parties refusent. Le procès est donc renvoyé, et le 24 mai 2017, le président prend lui-même, officiellement cette fois, la déposition du gendarme. Voilà ce qu'il raconte : en 2007, après les révélations de Georges Novembre, c'est lui qui devait conduire Alain, après sa garde à vue, chez le juge d'instruction pour la mise en examen. Avant de partir, ils sont dans son bureau, Alain lui dit : « Ce que vous m'avez dit, c'est ce qui s'est passé. » C'est tout. C'est si sérieux que lorsque le gendarme arrive avec son gibier devant le juge, il lui en parle, propose d'être entendu comme témoin, ou d'écrire un rapport sur ce qui vient de se passer : le juge, qui pourtant n'a jamais été tendre ou conciliant avec celui qu'il s'apprête à mettre en examen, refuse. Plus personne n'en parlera, et le gendarme a attendu neuf ans, au dernier jour du procès, pour révéler qu'il avait recueilli des aveux du principal suspect. Des aveux ? « C'est ce qui s'est passé. » C'est faible.

J'ai écrit à Alain, que plus rien n'étonne, pour lui demander s'il se souvenait de cet épisode dans le bureau du gendarme. Évidemment non. Il suppose qu'il devait parler d'autre chose, ou bien qu'il s'agit d'une sorte de malentendu au cours d'une discussion (c'est gentil de sa part). Comment imaginer qu'un coupable qui nie farouchement depuis plus de trois ans, qui a « résisté » à tous les interrogatoires, craque soudain après la bataille, une fois que la garde à vue est terminée, et alors qu'il n'est même pas encore mis en examen ? Et si c'était le cas, il n'aurait dit que « C'est ce qui s'est passé » et son interlocuteur ne lui aurait demandé aucune précision ? (L'hypothèse émise plus tôt par le gendarme, confiera-t-il en 2016 au président de la cour, confirmée selon lui par ces quelques paroles penaudes, la voici : Alain Laprie, en fouillant à la recherche de papiers pour remplir la déclaration de revenus de sa tante (à 19 h 30, alors que la nuit tombe et qu'il doit rentrer dîner à Bordeaux et d'abord passer récupérer des cartons à Mérignac ? (Alain a bien évoqué cette déclaration dans une audition, mais simplement pour dire qu'il avait promis à sa tante de venir l'aider à la remplir la semaine suivante)), est tombé par hasard, dans un tiroir, sur le testament qui le déshéritait, est parti en vrille et, de rage, a donné un coup de bâton sur la tête de Marie.)

Ce gendarme qui tente au dernier moment de rattraper l'enquête des collègues, c'est l'adjudant X. C'est pour cela qu'Alain n'est pas très surpris. C'est celui qui lui a dit quelques années plus tôt que Mariane avait tout avoué, mais aussi que Pascal Mars l'avait enfoncé, que l'expert avait conclu au feu couvant, etc. J'ai regardé d'un autre œil toutes ses interventions dans le dossier. Je ne veux pas avoir l'air complotiste (non, je refuse), mais sur les procès-verbaux, son nom n'apparaît que sur les auditions de témoins à charge, Corinne et Christian Novembre, Gisèle Octobre, Anatole Poivron, Josy Décembre, Claudette Janvier, tous ceux et celles qui disent que Marie ne supportait plus son neveu et comptait le déshériter ; il n'a pas interrogé une seule des personnes neutres ou favorables à Alain (il y en a pourtant beaucoup, qu'on a soigneusement mises de côté). Jusqu'au bout, donc, il n'aura pas lâché le morceau.

Le major Y utilisera le même genre de procédés et ainsi, à défaut de faire avouer le coriace, on parviendra naturellement à l'ébranler durant toute l'instruction, puisqu'il croit ce qu'on lui dit et donc ne comprend plus ce qui lui arrive. Et on s'en servira. Le 2 décembre 2009, avant sa mise en examen définitive (sept ans avant le premier procès…), une synthèse de sa dernière garde à vue laisse pantois. Face à certaines « révélations » des enquêteurs, il « s'est montré embarrassé, à ne pas pouvoir les expliquer clairement », ce qui est évidemment révélateur, et « n'a pas pu contrôler ou masquer des marqueurs d'anxiété ou d'inquiétude, accompagnés par de longs moments de réflexion se terminant par des réponses comme "Je ne sais pas" ou "Je ne peux l'expliquer" ». Quand il n'est pas dérouté par de fausses informations, il est tout aussi louche : « Hormis ces épisodes, M. Laprie semblait serein et sûr de lui […], il nous est vraiment apparu comme préparé à cette nouvelle audition, notamment à devoir résister aux questions des enquêteurs. » Cet homme est machiavélique, plus de doutes : bien que les enquêteurs aient « réussi à renouer le dialogue avec lui [avec cet altruisme, cette patience, cette humanité qui les caractérisent], M. Laprie s'est tout de même montré sur la défensive [le salaud, l'ingrat]. En conclusion, il nous a semblé dans le déni total. » Un coupable qui s'acharne à nier (car bien sûr il est coupable, sinon pourquoi le mettrait-on en examen ?), c'est pire que tout, pas de pitié avec un individu de cette espèce.

Que s'est-il passé pendant toutes les années qui se sont écoulées entre la mise en examen et les procès, durant lesquelles Alain Laprie est resté sous contrôle judiciaire ? On sentait qu'on n'avait pas grand-chose contre lui (presque rien, en fait, hormis le témoignage de Georges Novembre), donc on a cherché, cherché, cherché. (Ce qu'on avait contre lui, en dehors du témoignage de Georges Novembre, c'était son comportement la nuit de l'incendie (qui pourtant, encore une fois, prouve plutôt qu'il n'était pas sur place au moment où le feu s'est déclaré (mais il aura beau répéter que c'était parce que Marie gardait souvent plusieurs milliers d'euros dans une cachette (ce que plusieurs personnes ont confirmé) et parce qu'il voulait récupérer ses outils (de valeur : il a fourni les factures, la débroussailleuse par exemple lui avait coûté 3 596 francs), les gendarmes s'en tamponneront)) et le fait que les objets disparus le concernaient tous plus ou moins directement. On a soigneusement mis de côté certaines évidences, la logique ne régnant pas toujours en maîtresse implacable dans les gendarmeries et les cabinets de juges. Au sujet du testament (dont il faudra encore reparler), on voit sur l'exemplaire fourni aux gendarmes par Gisèle Octobre qu'il est précisé : « Fait en deux exemplaires. » Donc Alain Laprie tue sa tante exactement au moment où il sait qu'il n'héritera de rien, puisqu'il constate qu'un exemplaire de ce testament se trouve dans les mains de quelqu'un d'autre (probablement un notaire, doit-il penser) – mais il le vole tout de même ? Au sujet du téléphone : Marie en avait un autre dans sa chambre, et Alain, qui venait la voir deux fois par semaine depuis des années et la connaissait mieux que personne, était le mieux placé pour le savoir. Il n'a pas été dérobé, on l'a retrouvé parmi les débris calcinés. Il s'agissait d'un téléphone « normal », pas à grosses touches, mais quoi, il se serait dit qu'elle n'allait pas se fatiguer à aller jusqu'à sa chambre pour composer le 17 ou le 18 ? Non, seule une personne ne connaissant pas l'existence de ce second téléphone, si elle craignait que la vieille dame ne reprenne faiblement connaissance après son départ, n'aurait emporté que celui du séjour, seul visible depuis la cuisine. (Quand Alain le fait remarquer, lors de sa garde à vue de 2009, le gendarme, un instant déstabilisé mais finaud, le coince aussi sec : eh non, pas la peine de prendre le deuxième téléphone, puisqu'il y avait le feu dans sa chambre, elle ne pouvait pas y aller, ah ah ! Ah. Donc le feu a couvé pendant trois heures dans la chambre d'amis, mais à 19 h 30 déjà, l'autre chambre était elle aussi en proie aux flammes ?) Enfin, au sujet des outils, la débroussailleuse et la tronçonneuse… Leur disparition est étonnante, en effet. On se demande qui d'autre qu'Alain lui-même les aurait trouvés suffisamment intéressants pour les emporter après avoir tué Marie et mis le feu à sa maison. Mais ce qu'on a fait mine de ne pas remarquer, c'est qu'en dehors d'Alain et de sa tante (morte), personne (au monde) ne sait que ces outils se trouvaient dans la véranda, puisqu'il a été le dernier à partir. D'abord, pourquoi les emporterait-il ? Pour qu'on ne sache pas qu'il était là ? Trois personnes au moins l'ont vu avant 19 heures. Alors simplement parce qu'il aurait trouvé bien dommage de les laisser brûler ? Il n'a pas peur qu'on trouve leur disparition suspecte, justement ? Eh non, puisque personne ne sait que ces outils étaient là ! Hop, il les prend. Mais alors pourquoi apprend-il lui-même aux gendarmes qu'ils étaient là ? Il est le seul à le savoir, il le dit aux gendarmes, et du coup les gendarmes le soupçonnent parce que ses outils ne sont plus là ?)

Comme on n'avait rien (d'autre que ces pauvres indices), donc, on a cherché, cherché, cherché souvent dans des zones qui n'avaient rien à voir avec le meurtre de Marie Cescon. D'abord, si : une équipe a passé des heures, peut-être des dizaines d'heures, à comparer, sur les cinq années avant le drame, les différents comptes de Marie et les différents comptes d'Alain, pour tenter de repérer des mouvements parallèles. Dans un premier temps, on s'est concentré sur le plus croustillant, les fameux bons au porteur volatilisés, sans doute subtilisés par Alain (300 000 francs dans sa poche, ou même 1,5 million (si c'est pas plus) selon Josy Décembre), forte source de brouille entre sa tante et lui – Josy, Georges Novembre et Anatole Poivron l'ont affirmé et répété. (Alain, lui, prétend contre tout le monde que c'est à Georges qu'elle avait donné ces bons, qu'elle a voulu les récupérer au début de l'année 1999 car frère et sœur s'étaient disputés, qu'elle a chargé Alain d'aller les lui réclamer mais que Georges a refusé fermement, lui disant : « Tu t'occupes pas de ça, c'est pas ton problème. » Il aurait fini par les lui rendre, mais aurait gardé un petit coffre contenant des bijoux et des espèces qu'elle lui avait confié aussi. Toujours selon Alain – donc ça ne compte pas.) Après avoir épluché tous les bordereaux et relevés de la victime et auditionné le directeur de son agence bancaire, on a résolu l'énigme : Marie avait récupéré ces bons en juillet 1999. (Quelques mois plus tôt, le 14 mai 1999, s'étant fâchée avec son frère, elle avait annulé la procuration qu'il avait sur ses comptes pour désigner son neveu Alain à sa place.) Le directeur de la banque lui a conseillé de les changer pour placer les 320 000 francs ailleurs, en titres plus rentables. Ce qu'elle a fait le 31 juillet : elle s'est servie de cet argent pour ouvrir le contrat d'assurance-vie Antarius, destiné à Alain et à sa sœur Brigitte. Donc, les gendarmes, c'est dans le dossier, ont découvert que ces bons au porteur n'avaient nullement disparu, que leur suspect ne les avait jamais eus en sa possession, qu'elle les avait convertis pour placer l'argent autrement – au profit d'Alain et de sa sœur. (Au passage, ils ont appris aussi qu'Alain avait sans doute dit la vérité au sujet de son oncle : c'est près de trois mois après avoir coupé les liens avec son frère Georges (on découvrira bientôt qu'elle ne l'a plus jamais revu) que Marie a pu récupérer ses bons.) Et voici comment ils ont traduit cela dans leur rapport, après l'enquête à la banque : « Si l'existence de bons au porteur avait été soulevée dans l'enquête initiale, aucun élément n'a été porté à notre connaissance les concernant. » Ainsi, pendant des années encore, et jusque dans l'acte d'accusation officiel, on trouvera trace de cette rumeur : les bons au porteur que la victime avait donnés à son neveu n'ont jamais été retrouvés.

L'étude comparée, minutieuse, des comptes de Marie et Alain n'a rien donné. On y a pourtant consacré un temps fou, certain qu'il avait abusé de ses largesses, on est remonté sur des années et des années, on a scruté (à la loupe) des centaines et des centaines de pages de relevés, on a tout passé au peigne fin, comme on dit chez Morandini, au crible également, et on a conclu, piteusement, le 5 juillet 2012 (trois ans après le début des recherches) : « Aucun élément ne nous permet d'établir que Mme Cescon a investi de l'argent dans les sociétés d'Alain Laprie. Plus généralement, aucun lien financier entre Marie Cescon (victime) et Alain Laprie ou ses sociétés n'est établi. » On ne s'est pas attardé sur ce faible constat, on a continué à sous-entendre, vaguement, pernicieusement, que si le mis en examen avait tué sa tante, c'est parce qu'elle avait fermé le robinet de la corne aux œufs d'or.

Puisqu'on n'a rien détecté qui relie directement les finances de Marie à celles d'Alain, on va continuer à chercher ailleurs, plus loin, en prenant quelques crans d'écart encore avec la cohérence de l'enquête : on se met à examiner tout ce qui concerne l'argent dans la vie d'Alain Laprie, des années avant la mort de sa tante, et même des années après. (On parlera longtemps dans le dossier des chèques de 104 000 et 70 000 euros apparus sur le compte d'Alain à l'été 2003, même si un gendarme scrupuleux a établi assez tôt qu'ils n'avaient jamais existé, du moins qu'il n'y avait aucun mystère là-dessous : en juillet 2003, Alain a reçu deux chèques de la Poste, l'un de 70 000 euros, l'autre de 34 000 euros (et non pas un de 104 000 euros provenant d'on ne sait où – d'un compte de sa tante, à son insu ?), le deuxième n'était qu'un transfert d'argent de l'un de ses comptes à l'autre, le premier une erreur de la Poste, une somme destinée à son entreprise, et non à lui-même, qu'il a remboursée aussitôt, ce qui donne l'impression qu'il magouille et jongle avec les dizaines de milliers d'euros pour dissimuler ses larcins.) L'instruction prend alors une dimension irréelle, atterrante. Cette fois, ce sont plus que des centaines, des milliers de pages du dossier (et je n'ose calculer combien de mois, d'années) que l'on consacre à l'étude scrupuleuse de la vie financière de la cible, on lui réclame et on décortique toutes ses déclarations de revenus depuis le milieu des années 1990 jusqu'en 2011, ses taxes d'habitation, ses avis d'imposition, ses déclarations à l'Urssaf et à Pôle emploi, évidemment ses relevés de comptes professionnels et personnels, les bilans annuels des différentes entreprises qu'il a créées et dirigées, les chiffres d'affaires, les ventes, les dépôts de bilan, les cotisations. (Le juge ordonne également qu'on perquisitionne le domicile de sa mère, dans le Lot-et-Garonne, et le poulailler désaffecté dans lequel il entrepose ses vieux dossiers, et qu'on y récupère, entre autres, « tous documents relatifs à la rémunération d'Alain Laprie entre 1994 et 2004 et l'ensemble de ses documents de synthèse comptable (liasses fiscales d'entreprise, bilans et comptes d'exploitation, relevés bancaires, bilans prévisionnels, comptes courants associés… »)) Si on parvient à prouver qu'il a fraudé l'Urssaf quatre ou cinq ans avant les faits, ce sera un pas décisif vers la manifestation de la vérité et quasiment la confirmation de sa culpabilité, non ?

Cela dit, on a failli trouver quelque chose d'intéressant – et puis non, mais ce n'est pas très grave, on se débrouille toujours pour arranger le coup : dans le réquisitoire définitif du procureur de la République puis dans l'ordonnance de mise en accusation du juge d'instruction, à l'été 2014, on lit qu'Alain Laprie avait confié à son ami François Février, qui a repris sa société de transport de produits sanguins, qu'il avait de gros problèmes financiers, ce qui est naturellement intéressant quand on sait qu'il allait bientôt découvrir, selon l'accusation, que l'héritage de la Tatie de Pompignac lui passerait sous le nez. On lit dans ces documents qui seront utilisés lors du – des – procès : « Ce risque d'être privé de cette fortune conséquente était survenu alors qu'il connaissait des difficultés financières. Il l'a nié, mais son ami et repreneur de sa société, M. Février, l'a dit aux enquêteurs (même s'il n'en conservait plus la mémoire lors d'un interrogatoire devant le juge d'instruction dix ans après). » Deux choses sont vraies : le 28 janvier 2013, auditionné par le juge d'instruction, François Février dit ne pas se souvenir de cette histoire de problèmes d'argent dont lui aurait parlé Alain ; et le lendemain, ce dernier, lui aussi devant le juge, s'étonne fort de cette révélation et nie, effectivement, affirmant n'avoir pas rencontré de problèmes financiers en 2004 – il avait plus de 50 000 euros en banque.

Je suis remonté un peu dans le dossier. Dans un procès-verbal d'investigations, le 21 décembre 2009, on lit : « En février 2004, M. Laprie aurait déclaré à M. Février qu'il avait des soucis financiers puisqu'il ne touchait plus de salaire depuis six mois. » Un peu plus tôt, le 11 mai 2009, dans un autre PV d'investigations, le major Y écrit, à propos de François Février : « Alain Laprie lui avait fait part de problèmes financiers qu'il rencontrait à l'époque, il avait déclaré qu'il n'avait plus de salaire depuis plus de six mois et que cela n'était pas évident à gérer, sans rentrer dans les détails. » Bon. Cette fois, en revanche, pour trouver des choses vraies dans ce rapport, il faut mettre son réveil avant l'aube. J'ai retrouvé sans difficulté la première audition de François Février, le 22 juin 2004. D'abord, Alain ne lui a rien confié en février (dommage, un mois avant le meurtre, c'était l'idéal) mais « il y a trois semaines, et hier encore », donc début juin pour la première fois, deux mois et demi après la mort de Marie. Mais surtout, « sans rentrer dans les détails » : le major Y exagère. François Février a très clairement expliqué de quelle nature étaient les problèmes d'Alain : n'ayant plus de salaire depuis six mois, il n'avait plus de couverture sociale. Voilà. Rien de plus. C'était un simple souci de sécu – ce qui est effectivement assez embêtant, mais pas de quoi tuer Tatie. (Mais enfin le principal, c'est la trace qu'il en reste douze ans plus tard, lors du procès (« gros problèmes financiers »), pour éclairer les jurés.)

N'ayant rien découvert d'utile du côté d'Alain, on se plonge dans les comptes de sa sœur Brigitte Avril, encore des pages, des heures, et surtout dans ceux de sa femme, Mariane, on s'immerge dans tous ses relevés bancaires de 2002, 2003, 2004, encore des centaines de pages du dossier qui ne servent absolument à rien (qu'est-ce qu'on cherche, l'achat, dans une boutique spécialisée, d'un bâton à tuer les vieilles dames ?), si ce n'est, peut-être, à rendre hommage à Georges Perec par exemple, ou au surréalisme, par une tentative de portrait d'un être humain féminin – en deux cents pages – à travers la liste de ses achats, de tous ses règlements par carte : chez Jardiland, Zara, Rodier Homme, Go Sport et Decathlon, Jacadi, Croc Noisette, Atac mais aussi Auchan, Champion et Monoprix, Select Fromager, La Grande Récré, Pharmacie Bavouzet, Leroy Merlin mais aussi Castorama, Picard, Celio, Nature et Découvertes,

Ikea, Bata, Miss Caraïbes (maillots de bain), Quick mais aussi McDonald's, Ali Baba, Sport Castagne (ah ! le bâton ?), La Boîte à Pizza, Marionnaud, H&M, Restaurant Vach'et Nous, Jacques Dessange, Kiabi, Cultura, Fnac, Librairie Mollat, Total, Garage Lemaire, Etam (holà… 105 euros, en juin 2003 : de la lingerie fine, un peu canaille ? une guêpière pour fêter sur l'oreiller le vol juteux, cet été-là, de la carte de retrait de Marie ?), Galeries Lafayette, Boucherie du Lac, Palais des Sports, Chaussland, BHV, Villa de Chine, Wanadoo, Surcouf… (J'aime imaginer que les gendarmes se sont penchés plus particulièrement sur le moment du crime. Le 17 mars 2004, jour du meurtre, Mariane paie 23,50 euros à La Belle Époque (j'ai regardé sur Google : « Brasserie, fine cuisine française dans un décor Art nouveau aux faïences et ornements d'époque »), heureusement pour elle que ce montant correspond plutôt à un déjeuner qu'à un dîner, sinon c'était le branle-bas de combat. Le lendemain, 18 mars, elle dépense 29,95 euros chez Orchestra, une boutique de vêtements pour enfants : la tante de son mari vient d'être assassinée et elle achète des fringues à son fils ??!) C'est si absurde et inutilement intime que lorsque je vois Mariane, à Paris ou à Bordeaux, je suis presque gêné (105 euros ?) ; c'est si absurde, tous ces efforts, tout ce temps perdu avec des œillères, au détriment de tout le reste.

Les gendarmes ont écouté les différentes lignes téléphoniques d'Alain et Mariane pendant sept mois, chaque jour, chaque communication, ils ont tout noté. De mi-mars à mi-mai 2004, de mi-novembre à mi-janvier 2009, et même encore de début décembre 2012 à fin février 2013, pas un appel, pas un mot dans une conversation n'a apporté quoi que ce soit à la thèse de la culpabilité d'Alain – et pourtant les oreilles étaient aux aguets sous les képis. Lors des premières écoutes, entamées le 20 mars 2004, la veille du jour où il a prétendument soulagé sa conscience auprès de son vieil oncle, et poursuivies pendant les deux mois suivants durant lesquels Georges Novembre affirme avoir plusieurs fois abordé le sujet avec son neveu, pas une parole échangée entre les deux hommes n'a suscité le moindre haussement de sourcil des gendarmes. Rétroactivement, quand on sait que ces aveux deviendront la seule véritable carte dans la main de l'accusation, on peut se poser des questions. Pas un mot ?

Mais peu de choses qui ne sont pas en mesure d'accuser Alain ont un effet sur les sourcils des gendarmes. On ne peut réprimer une sensation de vertige : pendant tant d'années, ils ont concentré tous leurs efforts à d'aléatoires et vaines recherches pour trouver n'importe quoi qui cloche, bien loin de la route de Touty, chaque ligne des relevés de compte, chaque facture, chaque coup de fil, et quand ils trouvent un mégot porteur d'un ADN inconnu juste à côté du cadavre de Marie, dans sa cuisine, ils ne font rien, absolument rien ? Hormis les trois personnes présentes ce jour-là à coup sûr, pas un seul test dans l'entourage, la famille ? Pas un début de recherche ? Pas une seule commission rogatoire qui s'intéresse à ce mégot ? Dès qu'on constate que ce n'est pas l'ADN d'Alain, plus le moindre mot dans les rapports et les synthèses, dans le réquisitoire définitif ou l'ordonnance de mise en accusation, pas une allusion, ce mégot n'existe plus ? Comment est-ce possible ?

Il faut passer aux choses sérieuses. (Une dernière remarque (deux) à propos de l'ADN (je suis débordé de trucs à dire, c'est la pagaille) : les techniciens en investigations criminelles ont essayé d'en prélever le plus possible dans la maison de Marie. Ils n'ont pas trouvé grand-chose – seulement le plus évident et facile à identifier, dans les échantillons de sang, les cheveux et poils, la salive (sur les mégots) ; ailleurs : rien. Mais en 2004, les méthodes de prélèvement et d'analyse de ce qu'on appelle l'ADN de contact n'étaient pas encore au point, c'était la préhistoire. Aujourd'hui, on en trouverait partout : sur les poignées de portes (car le meurtrier, c'est une certitude, a pris le soin de refermer derrière lui la porte de la cuisine, puis celle de la véranda), sur les trois boutons de la gazinière qui ont été tournés en position ouverte (l'adjudant X, faisant croire à Alain qu'on y avait décelé de l'ADN, lui a demandé s'il pensait que ce serait le sien, il a répondu que sur un bouton peut-être, il lui était sans doute arrivé un jour d'allumer un brûleur, mais sur les trois, certainement pas ; s'il avait effectivement ouvert le gaz, comme le pense X, il aurait évidemment dit qu'il touchait de temps en temps ces boutons quand il était chez sa tante, et que donc oui, il était possible qu'on retrouve son ADN sur les trois, oui), et sur la boîte d'allumettes ramassée dans la chambre où le feu a pris (très étrangement, cette boîte d'allumettes (qui se trouvait auparavant sur la cheminée, selon les familiers de Marie) est couverte de sang, même les vingt-deux allumettes intactes encore à l'intérieur en sont imprégnées). Dans le rapport de l'expert en analyses génétiques, rendu le 1er juin 2004, au sujet de tous les prélèvements sur ces zones ou objets, on lit : « Absence de résultat. » (Même sur le paquet de Gauloises vide découvert dans la cheminée, qui appartenait à Corinne et qu'elle a donc manipulé au moins vingt fois : « Absence de résultat. ») Mais à la fin de l'instruction, avant le premier procès, en 2014 ou 2015, on avait alors largement la possibilité technique, scientifique, de procéder à un nouvel examen, probablement positif, de ces scellés. On ne l'a pas fait. D'autre part, un complément d'expertise génétique, rendu le 17 mars 2005, un an pile après la mort de Marie, s'intéresse à l'ADN mitochondrial – celui de la famille maternelle, pour simplifier. On a analysé des éléments pileux. Le mitotype de Marie (et donc d'une bonne partie de sa famille) a été retrouvé un peu partout, sur des cheveux ici et là, les siens ou non, ce qui est normal. Mais on en a décelé quatre autres, des mitotypes, différents, qui n'appartiennent pas à la même famille maternelle qu'elle. Elle avait des visiteurs, souvent, c'est donc assez logique, les cheveux tombent. Mais parmi ces quatre autres, l'un provient d'un élément pileux qui a été découvert dans la grande trace de sang – sans doute la première – qui maculait l'angle du mur entre la véranda et la cuisine, où la tête de Marie a cogné (il y avait d'ailleurs plusieurs de ses cheveux à elle dans la même trace). Un cheveu ou un poil appartenant à quelqu'un dont la mère n'est ni celle de Marie, ni une de ses sœurs. Là encore, dix ans plus tard, on aurait facilement pu pousser les recherches et analyses. On ne l'a pas fait, on tenait Alain.) Il faut passer aux choses sérieuses : par exemple, à quelle heure a été tuée Marie ?

On ne saura jamais à quelle heure a été tuée Marie (tout de même, à 23 heures passées, les pompiers et le SAMU essaient de la réanimer, massages cardiaques, insufflation d'oxygène : même si c'est une procédure quasiment automatique, c'est signe, il me semble, que, si elle n'était plus en vie, c'était depuis peu ; après avoir perdu l'énorme quantité de sang qui badigeonnait le sol de la cuisine, elle aurait résisté trois heures dans la maison enfumée ?), mais quand s'est-elle retrouvée au sol, dans son sang, dans sa maison en feu ? (Au détour d'une déposition, un pompier affirme, sans qu'on y attache d'importance, que le sang dans les cheveux de la victime n'était pas coagulé – or le sang à l'air libre coagule relativement vite.) Pour les gendarmes et le juge d'instruction, aucun doute : vers 19 h 30, 20 heures au plus tard, en tout cas juste avant le départ d'Alain. Mais quelques détails ne vont pas. Et c'est grâce aux gendarmes qu'on les connaît ; aux photos qu'ils ont prises. Il faut juste rappeler la chronologie de la fin d'après-midi : Corinne, Christian Novembre et leurs deux enfants la quittent vers 18 h 30 ; sa voisine Paulette Framboise, qui attendait leur départ, la rejoint presque aussitôt ; Alain revient du bois avant 19 heures ; il s'en va vers 19 h 30. Marie n'a donc pas été seule entre l'arrivée de la famille Novembre dans l'après-midi et le moment où, selon l'accusation, elle a été agressée. Mais ça ne va pas.

Sur les photos des gendarmes, prises d'abord la nuit même, lors de leur arrivée sur les lieux, pour quelques-unes, et le lendemain pour la plupart des autres, on voit que la cuisine est parfaitement rangée. Du côté de l'évier, toute la vaisselle est faite et rangée, hormis cinq ou six verres retournés sur l'égouttoir. La table est débarrassée, il n'y a plus rien dessus (presque). Lorsque Christian Novembre est auditionné en 2009, on lui montre des photos et il déclare : « La première chose que je remarque, c'est que la cuisine est bien rangée alors que lorsque nous l'avons quittée, tout était en bazar dans cette pièce, notamment le plan de travail. » Il y a donc un moment (quand ?) où Marie a débarrassé, nettoyé, rangé, après le passage de ses visiteurs de l'après-midi, qui avaient bu et mangé des gâteaux. Tout est impeccable. Sauf… un petit élément qui semble n'avoir attiré l'attention de personne, qui n'est pas mentionné une seule fois dans les milliers de pages du dossier.

Dans cette cuisine nickel, sur le plan de travail en ordre parfait, on distingue, quand on agrandit les photos, un bol. Un grand bol, rempli à peu près à moitié d'un liquide marron clair – du café au lait, ou un potage. Et à côté, un allume-gaz et un couteau, ou une cuillère, on voit mal. Marie s'est préparé quelque chose à « manger ». Pourtant, on lit partout qu'elle n'a pas pu dîner ce soir-là, c'est l'autopsie qui le dit. Elle n'a pas eu le temps, bien sûr, puisqu'elle a été agressée avant. Mais je commence à connaître le principe moteur de cette enquête (en substance : en 2004, on voit passer une jeune femme sur un scooter avec peut-être un petit chapeau sur la tête, en 2010 on pense, pour être exact, qu'il s'agissait plutôt d'un jeune homme, efféminé peut-être, à moto en tout cas, et lors du procès on affirme aux jurés qu'un Asiatique a traversé le village en trombe sur sa Harley, coiffé du bonnet en poil d'ours des soldats de la Garde royale anglaise). Je vais donc relire précisément le rapport d'autopsie. Dans le premier, rendu le 19 mars 2004, il est simplement question d'un « liquide rosé épais » dans l'estomac, sans commentaire. En 2008, le juge d'instruction demande un complément d'analyse afin d'indiquer si la victime « avait dîné dans les heures ayant précédé son décès ». Le 10 mars, le médecin légiste écrit : « Si le sujet a pris un repas complet comportant notamment des graisses pouvant être contenues dans de la viande, du fromage, de la charcuterie par exemple, le repas a dû être pris au moins trois heures avant le décès. Cependant, si Mme Cescon a pris seulement un bol de café ou un potage, ce qui est courant chez les personnes âgées, celui-ci a pu être absorbé dans un délai plus proche du décès. » Traduction des enquêteurs et du juge : personne âgée ou pas, elle n'a pas dîné ce soir-là (i. e. elle en a été empêchée, on l'a tuée avant). Or si. Elle a préparé et entamé un café au lait ou un potage. (Bien suffisant, après le goûter avec les Novembre. D'autant que plusieurs témoins ont souligné qu'elle mangeait très peu ces derniers temps.) Quand ? Pendant qu'elle disait au revoir à son neveu ? (Plusieurs témoins ont également souligné que, contrairement à une autre habitude courante chez les personnes âgées, elle ne mangeait pas spécialement tôt le soir, mais plutôt vers 20 h 30.) Après le départ de son neveu, non ?

On remarque d'autres choses intéressantes (et mystérieuses) sur les photos des gendarmes, notamment sur les toutes premières, prises avant l'arrivée des pompiers par l'adjudant Radis, alors que personne d'autre que Julien et Damien n'était entré dans la maison – Julien et Damien qui ont affirmé n'avoir rien touché sur la table, où on voit une grosse pile de journaux et quatre objets : un courrier de la Poste, qu'elle a dû lire ; ses lunettes, pliées, posées ; la moitié supérieure de son dentier (que les pompiers feront tomber quelques minutes plus tard) ; là, tout de même, on est obligé de s'arrêter et de plisser le front. Elle avait besoin de ses lunettes (elle les porte même sur la photo de son passeport), et bien sûr de son dentier. Pourquoi les aurait-elle ôtés ? Ou bien il faut supposer que lunettes et dentier sont tombés lorsque sa tête a violemment heurté l'angle de mur de la véranda, et que son agresseur les a gentiment ramassés et posés sur la table ? Alors que le reste de la cuisine est un foutoir sanglant, avec éclaboussures partout et chaises renversées (et qu'il n'y a pas de sang sur les lunettes ni sur le dentier) ? On interprète cette petite chose comme on veut. Pour moi, c'est qu'elle a été assise, à un moment, seule, fatiguée ou pensive, qu'elle a ôté ses lunettes et la moitié supérieure de son dentier, la plus gênante – avec palais de résine. Ce n'est peut-être pas ça – mais pour moi si. À un moment, elle a été seule. Or elle n'a pas été seule entre le départ des Novembre, l'arrivée de Paulette Framboise et le départ d'Alain.

Le quatrième objet posé sur la table est une grande et grosse clé, avec (je zoome, je zoome) un porte-clés en forme de petite boule. J'ai fait une capture d'écran de l'agrandissement, je l'ai imprimée et envoyée à Alain à la maison d'arrêt d'Angoulême : l'administration pénitentiaire l'a retenue au contrôle, on n'a pas le droit d'envoyer des photos. Dans la lettre suivante, je lui ai décrit la clé : « Une grande et grosse clé avec un porte-clés en forme de petite boule. » Il m'a répondu sans hésiter : c'est la clé du portail (il y avait dans la petite boule une plus petite boule encore, ça faisait clic clic cloc). La clé du portail était sur la table. Entre la table et la porte est accroché un porte-clés mural, je zoome, il est plein de clés, c'est là que Marie les range. Selon l'accusation, elle n'a pas fermé son portail comme elle le faisait tous les soirs. Alors que faisait cette clé sur la table ? Si elle est là et que Marie n'a pas fermé le portail, c'est qu'elle y est restée toute la journée, pendant que les Novembre étaient chez elle ? Marie a débarrassé la table mais l'a laissée posée là, juste comme ça ? On interprète cette petite chose comme on veut, mais pour moi : c'est bizarre. (C'est mou, comme interprétation, j'en ai conscience.) Enfin, Marie était en chaussons au moment où elle a été projetée contre l'angle du mur : on les a retrouvés devant l'évier, dans le sang. Alain n'a pas souvenir de l'avoir un jour vue dehors en chaussons. (Ce sont de vrais chaussons d'intérieur (de marque Marquise), aux semelles intactes.) Elle les aurait mis juste après le départ des Novembre ? Ou celui de Paulette ? Elle les aurait mis avant d'aller fermer le portail ?

Quoi qu'il en soit, dans le genre gendarmesque, on peut vraiment regretter que les enquêteurs n'aient pas mis autant d'ardeur et de minutie à étudier la scène de crime (à croire qu'ils n'ont même jamais vu une série policière, ils n'ont pas pris de peigne fin, mais qu'est-ce qu'ils fabriquent ?) que le passé de leur suspect. Sur les photos prises le soir même ou le lendemain, on est intrigué par de nombreuses choses mystérieuses (et intéressantes), qui semblent pourtant n'avoir pas déconcerté grand monde. Sur l'une de celles de l'adjudant Radis, juste à côté de l'endroit où se trouvait le corps de Marie, par terre, près du mégot, on voit un rectangle blanc d'une quinzaine ou vingtaine de centimètres de côté, un morceau de papier plié apparemment – qui n'est répertorié nulle part. Dans la cheminée, il est évident qu'on a voulu faire du feu : aussi bien Alain que Christian et Corinne Novembre ont déclaré qu'il n'y avait presque rien dans l'âtre l'après-midi, juste des cendres, or on y voit deux petites bûches en partie calcinées et, par-dessus, pas mal de sarments de vigne intacts (Marie, disent ses proches, en utilisait très peu). On a essayé d'allumer un feu ? En présence de Marie ? Après l'agression ? On s'en est servi pour enflammer du bois, qu'on a ensuite porté dans la chambre d'amis ? Enfin, sur une chaise rangée contre le mur à côté de la cheminée, la pile de vieux journaux, pour démarrer le feu justement, qui s'y trouvait toujours, selon ceux qui connaissaient les lieux, a été remplacée par plusieurs lainages entassés en vrac, un ou deux pulls ou gilets (c'est sans doute là que Damien a pris le gilet vert qui lui a servi à tenir le bras ensanglanté de Marie), et des châles peut-être, ou un ouvrage de canevas, comme on en voit dans le salon. Les journaux, eux, sont posés sur la toile cirée de la table, on ne sait pas pourquoi. On ne sait pas ce que tout cela signifie, mais en dehors de l'agression elle-même, avant ou après, il s'est passé des choses ici dans la soirée.

Quand Alain déclare aux gendarmes qu'il est parti à 19 h 30 après avoir rangé du bois dans la remise et des sarments dans la cagette de la véranda, puis embrassé sa tante en lui promettant de repasser bientôt pour l'aider à remplir sa feuille d'impôts et l'accompagner à la Poste, en lui recommandant de ne pas oublier de fermer le portail, est-ce qu'on ne serait pas un peu tenté de se demander s'il ne serait pas envisageable et possible, éventuellement, de le croire ?

Alain Laprie est né le 5 février 1956 dans le village du Lot-et-Garonne où s'est retrouvée toute la famille italienne de Marie au début des années 1930. Il est le troisième enfant de ses parents – mariés en 1948 –, après sa sœur Brigitte et son frère aîné. Son père était le boucher du village, sa mère Anne tenait la caisse. Selon une rapide enquête de la gendarmerie, ils étaient tous les deux très appréciés, simples et gentils, sociables, « bien intégrés », le père était jovial, l'ami de tout le monde, il restait parfois un peu trop longtemps au bistrot, il aimait rigoler mais n'avait rien d'un poivrot, la mère était plus effacée, douce, une femme de confiance. Dans les années 1960, leurs trois enfants passaient quasiment toutes leurs vacances chez Marie et Bienvenu Cescon. Ils dormaient dans la chambre d'amis.

Auditionnée par les gendarmes, Anne Laprie dit de son fils : « Quand il était petit, Alain était un enfant adorable. Il l'est toujours. »

À 20 ans, en 1976, Alain travaille au service commercial d'une entreprise de métallurgie à Langon, au sud-est de Bordeaux, quand il rencontre celle qui deviendra sa première épouse l'année suivante. Ils auront deux enfants et se sépareront en bons termes quelque temps après la naissance du second. Mais d'abord, en 1979, Alain est entré un peu par hasard aux ateliers de l'Établissement français du sang, chargé de l'entretien du petit matériel. Il est formé en interne à la conservation et au transport des produits sanguins, ça l'intéresse, ça lui plaît. Lorsqu'il quitte l'EFS, en 1993, il garde de bons contacts avec ses collègues et crée à Mérignac une société de transport de produits sanguins à laquelle il se dévoue entièrement (il passe un an et demi sans salaire) : il la développe au niveau national, ouvre plusieurs antennes. Entre-temps, en 1994, il a fait la connaissance d'une informaticienne, Mariane. Ils se sont installés ensemble huit mois après leur rencontre, et leur fils Valentin est né en 1997.

En 2001, Alain se rend compte qu'il consacre toute sa vie à son travail, qu'il est stressé, fatigué, qu'il ne voit pas grandir son garçon. Il vend alors sa société de transport (400 000 euros), il aspire à une existence plus sereine. (Et il sait qu'il n'aura pas de soucis d'argent dans les années à venir – à cette époque-là, son père décède, Alain se désiste de la part d'héritage qui lui était dévolue, au profit de sa mère.) Là aussi, il garde des liens solides avec ses anciens employés, qui l'ont toujours trouvé proche d'eux, à l'écoute et généreux sur les salaires. Il a alors l'idée d'inventer et de commercialiser un nouveau système d'emballage des produits sanguins, plus moderne, sûr et pratique, il s'associe au CNRS pour les recherches, se voit confier une licence d'exploitation et dépose le brevet. À l'occasion d'un salon professionnel, il rencontre le responsable d'une société américaine, et signe avec lui un contrat d'exclusivité pour commercialiser le produit à l'international. Mais assez rapidement, il se rend compte que l'entreprise US lui rapporte très peu de ventes, et comprend qu'ils étaient surtout intéressés par la licence du CNRS. L'exclusivité est signée pour cinq ans, il s'est fait rouler dans la farine comme un petit poisson. Furieux, et comprenant qu'il n'a pas l'âme d'un vrai businessman, d'un bon gestionnaire en tout cas, il dépose le bilan en 2003 pour rompre l'engagement avec les Américains. La société est reprise par son ami François Février et deux autres de ses relations, change de nom, Alain y garde un poste de commercial presque honorifique, il en est là au moment de la mort de Marie, il a de l'argent, sa femme un bon travail, il a le temps de voir venir, de s'organiser une vie qui lui correspond mieux. En 2005, il est contacté par le gérant d'une société de transport sanguin toulousaine, qui veut profiter de son expérience pour se développer et lui revend 49 % des parts pour un euro symbolique, afin d'en faire son associé. Les affaires marchent, l'EFS fait de nouveau appel à lui pour le transport de sang. Tout va bien jusqu'au 20 septembre 2007 où, à la suite des révélations de l'oncle Georges, Alain est incarcéré. Il est remplacé par un ami, mais pendant les six mois qu'il passera sous les verrous, son associé toulousain va revendre ses propres parts à deux types peu doués, et lorsque Alain ressort de l'ombre en avril 2008, après l'annulation de la première audition de Georges Novembre pour vice de procédure, la société est en sérieux déficit, et dépose le bilan deux mois plus tard.

Là encore, le juge d'instruction et les gendarmes vont tout tenter pour obtenir quelques billes à mettre dans leur sac, en ratissant soigneusement la vie privée d'Alain. La justice est malheureusement en faillite, c'est une triste certitude, mais quand elle veut, parfois, elle met la gomme et se donne à fond les ballons. Ils ont patiemment interrogé un nombre considérable de personnes, les amis d'Alain et ceux de sa femme, ses anciens collègues ou employés, son ex-femme, sa belle-famille, les habitants du village où il a passé sa jeunesse, les voisins de ses parents, et même ses lointains copains de collège ou un vieil instituteur d'école primaire, en retraite depuis bien longtemps, sans doute pour savoir si son petit élève ne manifestait pas déjà un tempérament de criminel en CE2 ou CM1. (Le verdict chevrotant du vieux maître tombera comme un couperet : « Excellente conduite et bonne moralité. »)

La moisson a été bonne, abondante, les enquêteurs ont obtenu des tombereaux de témoignages – mais on laissera finalement tout de côté, au fond du dossier (ce sera aux avocats d'Alain d'extraire tout ça des sédiments), car il n'y a rien d'intéressant, pas de bonnes billes dedans, que dalle, des clous. Dans la bouche des personnes interrogées, de tout âge et de toute condition sociale, ayant fréquenté Alain quinze ans ou quinze jours avant le drame de Pompignac, voici ce qu'on a trouvé, en vrac : les parents Laprie étaient des gens agréables et charmants, de très bons voisins, très aimés dans la commune, Alain était un « garçon sans problème, dévoué et attentionné, un jeune joyeux », « l'enfant que tous les parents aimeraient avoir », « très calme et posé » (dixit le prof d'espagnol en 5e), « pour moi il n'avait aucun défaut », « j'ai été atterré quand j'ai appris qu'on l'accusait, il était impensable et viscéralement impossible pour moi d'envisager qu'Alain soit capable de commettre un meurtre », il est « doux », « un très bon ami », il « rendait service chaque fois qu'il pouvait », « toujours de bonne humeur, toujours souriant », « bon vivant pendant les fêtes mais sans excès », « jovial, convivial », « il incarne en quelque sorte la joie de vivre, il est sain », « je ne l'ai jamais vu fâché ou même soucieux », « sa tante parlait toujours de lui en bien », « beaucoup d'humour, très travailleur, pas flambeur du tout », « posé, toujours très calme avec sa famille et son entourage », « sympathique et bosseur », il « aime bien les choses de la vie », il est « non violent », « même au rugby il n'était pas bagarreur », « je ne l'ai jamais vu s'énerver » (comme d'autres mots de cette longue liste, ceux-ci reviennent cinq fois, dix fois), « un homme de parole », « la gentillesse et la bonne humeur incarnées », « une moralité excellente », « toujours prêt à rendre service sans rien demander en retour », « il peut partir de chez lui à 4 heures du matin pour aider quelqu'un », « en vingt ans je ne l'ai pas vu une fois en colère, je l'ai vu agacé mais sans jamais perdre le contrôle de lui-même », « Alain est quelqu'un de bien et continuera à l'être », il est « très chaleureux, gentil, persévérant, fidèle en amitié », « très apprécié par beaucoup de monde », « un bon mari, un bon père », « ma nièce a eu beaucoup de chance de rencontrer un homme pareil », « généreux, équilibré, on peut compter sur lui », « serviable », « drôle », « digne de confiance, sérieux, à l'écoute des gens qui l'entourent », « nous sommes en plein délire, en pleine erreur judiciaire, je n'ai jamais eu le moindre doute », « respectueux, ouvert aux autres, franc, calme, travailleur, fiable », « il était proche de sa tante depuis toujours », « je pense qu'il a été victime d'une dénonciation mensongère », « toujours disponible », « mon ex-mari était gentil, serviable, attentionné », « responsable et intelligent », « réfléchi, consciencieux, généreux », « je ne lui connais pas de défauts », « toujours le sourire aux lèvres », « il ne s'emporte jamais », « sportif, toujours de bonne humeur », « calme », « calme », « calme », « calme et posé », « un bon chanteur », « la famille compte énormément pour lui », « incapable de brutalité », « pas violent du tout, plutôt timide », « gentil, adorable », « il m'a appris la générosité ».

Pardon, c'est un peu saoulant, mais ce n'est qu'une synthèse très sommaire, représentative mais réductrice, de la somme de renseignements recueillis sur Alain Laprie auprès de plusieurs dizaines de personnes de son entourage plus ou moins proche, professionnel ou privé. Bien entendu, ça ne prouve rien, les exemples de « voisin sans histoire » et « on n'aurait jamais cru ça de lui » rempliraient un annuaire, mais les pauvres gendarmes ont tout de même dû finir écœurés, accablés, bras ballants, bouche entrouverte : pas le moindre petit travers alléchant à rapporter au chef.

Et même lorsque le juge d'instruction, au printemps 2010, réclame une expertise psychiatrique pour appuyer, confirmer ou même surpasser l'évaluation psychologique orientée (que les avocats d'Alain ont tenté de faire annuler, ils ont du moins demandé une contre-expertise, en vain) qui soupçonnait le sujet de « brouiller les pistes », d'être dans le déni et de présenter une « radicale absence affective » face à la mort de sa tante, le résultat est décevant. Le psychiatre dresse le portrait d'un type parfaitement normal et sain, qui ne montre « aucune note d'inquiétude ou de crainte », « aucune forme quelconque de trouble par rapport à cette affaire », qui simplement ne comprend pas comment on a pu en arriver là. « Aucune preuve d'agressivité ni même d'irritabilité », « il semble avoir toujours développé mais aussi adhéré aux valeurs morales et éthiques conformes à son éducation et à la société en général », « aucune transgression ou absence de respect par rapport aux normes sociales ou à la loi », « le contact a été très facile à établir avec un homme qui a collaboré de façon rapide et spontanée, sans se montrer dans une dimension de manipulation, aucune réticence ou dissimulation », « aucun trouble psychique ou neuropsychique ayant pu altérer ou abolir son discernement ni entraver le contrôle de ses actes. » Conclusion : « Aucune anomalie mentale ou psychique, aucune manifestation psychopathologique. On doit souligner que cet homme n'a jamais démontré dans ses comportements ou ses conduites un quelconque agissement marqué par la violence ou l'auto/hétéro-agressivité. Sa curabilité ou sa réadaptation sont sans fondement. »

Si on regarde bien, calmement, on s'aperçoit que les personnes qui ont dénigré Alain (indirectement, hormis Anatole Poivron – qui y est allé franco en le traitant de « sacré petit con » et en ajoutant : « Je ne connais pas bien Alain mais pour moi c'est quelqu'un de hautain et de fainéant, il n'avait jamais de geste d'attention pour Marie, il n'était intéressé que par l'argent » –, c'est-à-dire en relayant des propos de sa tante qui selon eux ne pouvait plus le supporter, le trouvait cupide et ne voulait plus rien lui donner), d'une part ces personnes sont finalement très peu nombreuses, d'autre part elles font toutes partie de l'entourage proche de Georges Novembre, famille ou amis : Corinne et Christian Novembre, les filles de Georges, sa sœur Josy Décembre, son amie Gisèle Octobre, Anatole Poivron donc, et Claudette Janvier. (Pour cette dernière, c'est un peu particulier. Amie de la famille depuis plus de vingt ans, elle a en plus un problème spécifique avec Alain. Selon elle, ils ne s'entendaient pas car il l'estimait « indésirable », il ne voulait pas qu'elle se mêle des affaires de Marie, c'était sa chasse gardée. Lors des interrogatoires, Alain confirme qu'ils ne s'entendaient pas mais donne une autre explication aux tensions entre eux : en 1998, il a embauché son fils dans son entreprise de transport, comme chauffeur. Il n'était pas très travailleur, pas sérieux, paresseux, souvent en retard, il l'a licencié au bout de quelques mois. Claudette, dit-il, ne le lui a jamais pardonné.) Tous dans la team Georges.

Les autres, même des amis ou voisins qui voyaient Marie tous les jours ou presque, n'ont pas du tout la même version des rapports entre tante et neveu. Anne Laprie affirme que sa sœur Marie ne lui a jamais parlé de problème avec son fils, mais bon, c'est la mère du suspect. Mariane Laprie affirme que le comportement de son mari n'a pas changé dans les mois qui ont précédé la mort de Marie, ni dans les jours qui ont suivi, hormis la tristesse et l'incompréhension, elle ajoute que leur situation financière est saine et qu'Alain aimait beaucoup sa tante, qu'il « n'est pas quelqu'un de colérique, n'a jamais eu de problèmes de ce côté-là » ; mais c'est sa femme. Brigitte Avril confirme que leur tante les aimait beaucoup, son frère et elle, qu'elle était généreuse avec eux bien qu'ils n'aient ni l'un ni l'autre, elle insiste là-dessus, jamais sollicité d'aide financière, et elle est absolument certaine qu'Alain n'est pas impliqué dans sa mort ; mais c'est sa sœur. Pour les deux premiers fils d'Alain, qui avaient 21 et 26 ans au moment des faits et connaissaient Marie depuis leur naissance, elle les considérait vraiment comme ses petits-enfants et a toujours aimé tendrement leur père, ils n'ont pas une once de doute quant à son innocence ; mais ce sont ses fils. En revanche, Daniela Clémentine, voisine toute proche, qui voyait Marie souvent (et ne connaît pas Georges) : « Je sais qu'Alain aimait beaucoup sa tante, elle se reposait beaucoup sur lui, comme une mère avec son fils. Il était bienveillant envers elle, il faisait attention à son équilibre alimentaire, à son quotidien, à son bois, c'est Marie qui m'en parlait lorsqu'elle se confiait à moi. Je suis certaine qu'elle l'aimait beaucoup. » Paulette Framboise, voisine de presque en face, amie très présente, qui l'a vue dans les toutes dernières heures de sa vie : « Marie ne m'a jamais parlé de problèmes avec son neveu, elle m'a toujours dit qu'il était très gentil avec elle. » Son mari Lucien : « Alain est un gars très gentil, il venait chez sa tante au moins deux fois par semaine, elle avait besoin de le voir, elle l'aimait beaucoup. » Pauline Cerise atteste exactement de la même chose : sa voisine d'en face aimait énormément son neveu, elle n'a jamais évoqué devant elle le moindre ressentiment. (D'ailleurs, on se souvient que la première personne que Pauline a appelée, spontanément, pour prévenir qu'il était arrivé malheur à Marie, c'est lui. Puis sa sœur Brigitte.) Huguette, quatre-vingts printemps, une très bonne amie de Marie, depuis longtemps, qui a croisé Alain une quinzaine de fois chez elle : « Il était très attentionné avec elle, il lui rendait service chaque fois qu'elle le lui demandait, elle l'aimait comme un fils. Je ne l'ai jamais vu s'énerver, je ne crois pas du tout à sa culpabilité. »

Il y a cependant un proche de Marie, qui du moins l'a vue à plusieurs reprises l'année précédant sa mort, qui ne connaît pas Georges, et qui pourtant confirme qu'elle avait un problème avec Alain. C'est son filleul, Pascal Mars.

Pascal Mars, qu'on ne peut soupçonner de rien, qui n'est lié ni à un côté de la famille ni à l'autre, est un témoin sûr, crédible, des tensions, de la véracité des reproches de Marie à l'encontre de son neveu Alain. Elle l'a effectivement contacté au début de l'été 2003 pour lui parler de ses problèmes avec lui, de ses soupçons quant au vol de sa carte de crédit – de retrait. Il a été surpris, dit-il, car il ne voyait « pas Alain faire ce genre de choses ». Elle a même semblé vouloir qu'il le remplace à ses côtés, elle lui a demandé des services, lui a proposé de l'argent s'il en avait besoin. Mais Pascal a vite constaté que cette brouille n'avait pas duré (« Plus tard, elle ne se plaignait plus de lui »), Marie s'étant rendu compte que pas un sou n'avait été retiré de son compte à la Poste. (Et même sur le moment, quand il croyait encore ce qu'elle disait, il lui a spontanément proposé de l'accompagner à la banque pour annuler les procurations d'Alain sur ses comptes, si elle voulait, et a été étonné qu'elle refuse, fermement, en lui expliquant que non, quand même, c'était son neveu, il ne fallait pas exagérer...) Et surtout, il a compris à l'automne suivant que sa marraine était parano quand il s'agissait de son argent, et qu'elle pouvait facilement accuser n'importe qui, lui-même en l'occurrence : elle croyait (peut-être de bonne foi) avoir retiré non pas 1 000 mais 3 000 euros, elle lui en a donné 500, ils ont fait des courses, il devait lui rester quelque chose comme 300 euros, elle a pensé qu'on l'avait volée. (Ce n'est peut-être pas pertinent mais : lors de son audition à la gendarmerie, Pascal a déclaré qu'il n'était pas seul cet après-midi-là chez Marie, elle avait reçu la visite d'une femme (accompagnée d'un jeune adulte handicapé), qui avait passé du temps avec eux dans la cuisine – j'ai suggéré à Mariane de demander des précisions à Pascal, elle l'a appelé la semaine dernière, il s'est souvenu d'une femme avec de longs cheveux noirs, « un peu genre Gitane ». Peu importe, on ne saura probablement jamais de qui il s'agissait, elle n'a probablement rien fait de mal, mais : les gendarmes n'ont jamais cherché à l'identifier. (Je profite de ce retour vers Pascal Mars pour glisser ici vite fait que j'ai vérifié un point évoqué dans le « documentaire » de W9, et qu'on trouve en effet dans le dossier : la généraliste de Marie a déclaré qu'elle lui avait dit plusieurs fois avoir des soucis avec son neveu qui voulait la voler (W9 traduit ses soucis au pluriel par « harcèlement »), au point qu'elle aurait conseillé à sa patiente de porter plainte. « Son » neveu, un seul : Alain, donc. Or non. Marie a parlé à son médecin d'un neveu qui lui aurait volé une carte en juin 2003, et d'un neveu qui lui aurait volé de l'argent en novembre 2003. Avec un peu de distraction, les deux neveux ne font plus qu'un. (Dans son dossier, la femme médecin a également noté : « Se plaint encore et toujours. »))) Désemparé par ces accusations injustes, Pascal a téléphoné à Alain (loin de « renvoyer la balle sur lui », comme l'affirmait sans vergogne l'adjudant X), et ce dernier l'a réconforté : qu'il ne s'en fasse pas trop, ce n'était pas grave, Marie « perdait un peu la boule » et « faisait des histoires à tout le monde », il ne fallait pas lui en vouloir.

Ce n'est pas le plus important. Le plus important, c'est que vers la fin du mois de juillet 2003, Pascal Mars, sa femme et les deux enfants de celle-ci sont allés déjeuner chez Marie. Ce jour-là, ils y ont rencontré deux femmes, une mère et sa fille. Gisèle et Cécile Octobre. Elles étaient venues pour aider Marie à rédiger son nouveau testament ; finalement, non, ça ne s'est pas fait ce jour-là (mais quelques jours plus tard). Le témoignage de Pascal, interrogé en 2010 seulement, laisse une impression peu légère. Il dit qu'il avait déjà vu Gisèle une fois, seule chez Marie, au début du mois. Le jour du déjeuner, elle était donc avec sa fille. L'atmosphère est particulière, le jeune couple n'est pas à l'aise : « Ma femme a senti que nous étions de trop lorsqu'elles parlaient de certaines choses, et notamment d'un testament. » Ils comprennent que la mère et la fille essaient de convaincre la vieille dame de déshériter Alain, la femme de Pascal les a clairement entendues insister. « Mais je suis certain, dit-il, que d'elle-même, elle ne voulait pas aller au bout de ses reproches envers lui, car elle tenait beaucoup à lui. » Selon Pascal, c'est Gisèle Octobre qui pousse le plus, elle donne même à Marie l'adresse d'un notaire à Branne, différent de celui chez qui est déposé le testament en faveur d'Alain. « Nous avons vraiment senti que ma marraine était sous l'influence de ces deux femmes. Je suis sûr qu'elles lui ont monté la tête. » (Plus tard dans l'année, il se demandera même si cela ne s'est pas reproduit dans l'histoire des billets prétendument volés : « Je pense qu'il s'est passé la même chose pour moi. Quand j'ai quitté ma marraine, nous nous sommes fait la bise, et ensuite je me suis retrouvé devant les gendarmes. Elle avait peut-être été poussée par ces mêmes femmes. »)

On ne peut accuser personne sur un simple témoignage, mais c'est tout de même troublant. Gisèle Octobre était une bonne amie de Georges Novembre, et sur le testament figurent les trois enfants de celui-ci et sa sœur préférée, Josy – qui, elle aussi, n'a pas ménagé ses efforts pour charger son neveu Alain. (Au moment de la rédaction du testament, Josy a 83 ans, on ne peut pas dire qu'elle profiterait bien longtemps de l'argent de sa sœur généreuse si celle-ci venait à mourir avant elle. On a le droit de s'étonner aussi que Marie, si proche de ses neveux et nièces, ait comme oublié la fille de Josy – qui était fâchée avec sa mère.) Sur le brouillon, la dernière héritière potentielle est Céline Juin, une autre nièce de Marie. Son prénom et son nom (les vrais, pas ceux-ci) sont mal orthographiés, une faute dans le prénom, une faute dans le nom.

Sur la feuille remise aux gendarmes par Gisèle Octobre, il est évident que « en deux exemplaires » a été ajouté entre deux lignes, après la rédaction de la page par Cécile. Ça ne veut pas dire que ça n'a pas été fait avant que Marie signe, ou en tout cas en sa présence, mais ça se note, quand même. (Personne bien sûr ne l'a noté.)

Autre petite chose déconcertante : le lendemain du meurtre, les gendarmes ont fouillé la maison et récupéré quelques trucs. (Pourquoi ceux-là plutôt que d'autres (par exemple, ils ont laissé le chéquier de Marie et son passeport, ils seront volés l'année suivante par des cambrioleurs de passage, qui les donneront à leurs meufs en rose et blanc), on ne sait pas.) Ils en dressent la courte liste, en particulier de ce qu'ils ont trouvé dans le buffet du séjour, et conservé : un reçu de notaire, daté de 1991, sans grande importance (un changement de régime matrimonial) ; une procuration sur le compte de Marie à la Poste, au nom d'Alain Laprie, datée de mai 1999 et annulant celle de Georges Novembre ; une facture rose de France Télécom attestant d'une réparation sur le téléphone Celesta ; et : « une feuille écrite avec une encre bleue et signée "Cescon" à l'encre noire, désignée comme un testament ». On n'en saura jamais plus au sujet de cette feuille, rien d'autre n'est précisé dans le dossier. Où ne figure que l'exemplaire transmis par Gisèle Octobre, qui porte « TESTAMENT » en titre ; c'est une photocopie, en noir et blanc donc, mais le texte écrit par Cécile et la signature de Marie (« Cescon », simplement) n'ont pas la même nuance de gris. Qu'est-ce que c'est que ce testament retrouvé dans le buffet ? Marie n'en a pas fait cinquante dans sa vie, des testaments. Un en 1979, chez un notaire, un autre en 1998 pour Alain, de nouveau chez un notaire, et donc le dernier, qui n'est pas valable puisqu'il n'est pas écrit de sa main ni certifié par un notaire. Pourquoi les gendarmes n'ont-ils pas pris trois secondes et demie pour expliquer en quelques mots ce que décrivait ce testament qu'ils ont trouvé dans le buffet ? Cela dit, je ne peux pas imaginer (non, je ne peux pas) qu'il s'agit de l'exemplaire qu'on a accusé Alain d'avoir dérobé. (Je ne peux pas. En plus, autour de ce testament, c'est la farandole des fariboles : Gisèle dit qu'il était « sur le meuble du téléphone », une autre fois « dans le meuble du téléphone » ; Anatole Poivron dit que lorsqu'il l'a vu, le 11 mars 2004, il était « sur le buffet » du séjour, puis « dans un tiroir du buffet » ; le 31 mars 2004, il déclare qu'il était dans la cuisine avec Marie et qu'elle s'est levée pour aller le chercher et lui montrer, il dit d'ailleurs qu'il n'est jamais entré dans le séjour, qu'il ne sait pas comment étaient disposés les meubles ; lors d'une seconde audition en 2010, on pense tout de même à lui demander comment il sait que le document se trouvait dans le buffet s'il n'est jamais entré dans le séjour, il se reprend alors, « contrairement à ce que j'avais déclaré, c'est moi qui suis allé le chercher dans le séjour », Marie lui a indiqué où il se trouvait et l'a attendu dans la cuisine.)

Lors de sa garde à vue de 2009, quand on demande à Alain qui selon lui aurait pu mentir pour que les soupçons se portent sur lui, il parle, sans citer de nom, d'un « cousin éloigné » de sa tante (Anatole Poivron) et d'une « voisine qui amenait ma tante aux courses, et souvent après les courses ma tante se retrouvait sans argent dans le porte-monnaie ». On ne peut accuser personne, mais Gisèle Octobre aidait régulièrement sa voisine à faire ses courses ; Gisèle et Marie se sont brouillées à l'automne 2003 ; Gisèle explique que c'est elle qui a décidé de ne plus fréquenter Marie, simplement car elle en avait « assez d'entendre ses histoires », Alain donne une autre version, mais c'est parole contre parole : il dit que Gisèle n'arrêtait pas de réclamer de l'argent à Marie, principalement pour faire agrandir son chemin, que Marie en avait marre et que, cet automne-là, elle a demandé à Alain de s'en charger, de lui dire non une fois pour toutes (il l'a fait, ce qui lui a valu une forte rancœur de Gisèle) ; enfin, on se rappelle que d'après Pascal Mars, c'est peut-être Gisèle qui lui a « monté la tête » contre lui (une chose certaine : c'est elle qui l'a emmenée à la gendarmerie pour porter plainte contre son filleul), et que c'est pile à ce moment-là que les deux femmes ont cessé de se voir. (Au cours d'une audition en 2010 devant le major Y, Gisèle Octobre fournit encore une autre explication à la rupture amicale : en 2003, après la canicule, elle a encore proposé deux fois à Marie de l'accompagner chez le notaire, celle-ci a refusé (bon), ça l'a énervée. Elle ajoute cette phrase un peu déconcertante : « Je n'étais pas contente car elle avait mêlé ma fille à cette histoire. » Bon.)

Pour en terminer avec ce testament : il n'est pas valable. En théorie, c'est donc Alain Laprie, seul désigné sur le dernier testament officiel, qui hérite de la « fortune » de Marie. Sauf, bien entendu, sauf s'il est condamné par la justice. Dans ce cas : niet. Dans ce cas, ce sont les « héritiers légaux » qui se partageront le pactole. C'est-à-dire, Marie n'ayant pas eu d'enfant, ses sœurs et frère : Anne Laprie, Josy Décembre et Georges Novembre.

Sur certains points, on ne dispose que des déclarations d'Alain et de celles de Georges, qui s'opposent. Alain explique par exemple que le dimanche 21 mars 2004, lorsqu'il s'est rendu une première fois chez son oncle pour proposer de renoncer à l'héritage et de partager, afin d'éviter de payer trop de droits de succession, Georges lui a répondu que, de toute façon, « son » testament de 1979 ayant été signé à la fois par Marie et Bienvenu, il passerait en priorité, avant le sien signé par Marie seule, le vieux monsieur fragile et maladroit ajoutant : « Ce sera moi le patron. » (Brigitte Avril, qui était présente chez les Novembre ce dimanche-là, déclare quant à elle que l'oncle Georges, enthousiasmé par l'idée d'Alain de renoncer à son testament, se serait alors écrié : « Toi t'es un mec ! ») Naturellement, le vieux monsieur nie avoir jamais dit ce genre de choses.

Alain Laprie prétend aussi que son oncle, en 2005, lorsqu'il a compris que son testament ne prévaudrait pas mais que son neveu, déjà soupçonné, n'hériterait peut-être pas non plus, a demandé à sa sœur Anne de se désister de sa part – puisqu'elle n'avait jamais figuré sur aucun testament. Alain le répète lors de la confrontation avec Georges, extrêmement houleuse, au long de laquelle il ne cesse de traiter le vieil homme de menteur et de voleur, celui-ci se défendant comme il peut, dépassé par la tournure que prend l'affrontement (le visionnage de cette confrontation pèsera lourd dans la balance, lors du dernier procès, au moment des délibérations du jury). Interrogé par le juge d'instruction à propos de cette accusation, Georges Novembre répond, accablé par les mensonges de son neveu : « C'est faux et archifaux. » Cette fois, on peut vérifier.

Les gendarmes convoquent Anne Laprie et lui posent la question. Elle répond : « Oui, mon frère est venu chez moi me demander de lui écrire un papier pour lui céder ma part d'héritage. Georges est très intéressé par l'argent. »

On ne peut accuser personne, mais on peut montrer les choses et donner humblement son avis (on peut, je crois). On peut parler de l'unique élément de « preuve » de l'accusation, les aveux qu'Alain Laprie aurait faits à son oncle le lundi 22 mars 2004.

Je ne sais pas par où commencer. On peut d'abord s'étonner un peu, rapido, que Georges n'ait pas voulu être entendu par les gendarmes le jour où ils l'ont croisé chez sa belle-fille Corinne, et qu'il ait demandé à être auditionné chez lui. On comprend mieux si on sait que le matin de sa déposition, le 29 mai 2007, vingt jours après avoir déclaré qu'il avait des révélations sensationnelles à faire, son beau-frère Paul Septembre, mari de la sœur de sa femme, gendarme en retraite, était présent chez lui. C'est curieux, d'ailleurs cela n'apparaît pas sur le procès-verbal. Georges finira par expliquer que son ami n'était là que pour le soutenir devant ses anciens collègues, et servir le café. Bon.

Au printemps 2006, alors que l'enquête traînasse, que plus grand-chose ne s'est passé depuis la moitié de garde à vue d'Alain Laprie deux ans plus tôt, la sœur de Georges, Josy Décembre, écrit au notaire qui détient le testament désignant Alain comme légataire universel, pour lui apprendre qu'une instruction est en cours, mais aussi que la police a découvert un autre testament signé par sa sœur Marie, qui nomme d'autres héritiers. En août, le notaire lui répond qu'il s'est renseigné auprès des enquêteurs, et que même s'il n'y a « aucune certitude » (c'est ce que lui a indiqué le juge d'instruction, respectant le secret de sa fonction), ce dernier testament non olographe ne paraît pas devoir être pris en compte. Peu après, le notaire informe le juge que l'administration fiscale a enjoint aux héritiers de déposer une déclaration de succession, on ne peut pas attendre éternellement, l'État veut sa part des pépettes. Alain Laprie s'est donc rendu à son étude pour régulariser, le notaire lui a demandé de mettre cela par écrit, et le 17 novembre 2006, l'héritier a donc rédigé cette demande : « Pour faire suite à notre rendez-vous de ce jour, je vous remercie de bien vouloir régler la succession de Mme Cescon à mon profit, et de procéder à son évaluation. » Il semble que le problème de l'héritage soit sur le point d'être résolu. C'est à ce moment-là, fin 2006, que Georges Novembre confie à son beau-frère gendarme qu'il a sur le cœur un secret trop lourd à porter. Mais c'est peut-être une coïncidence.

Sans doute. Car le médecin de Georges lui-même attestera qu'il allait mal, qu'il était en dépression. (Dans une lettre au juge d'instruction, pendant sa première détention provisoire, le 30 janvier 2008, Alain écrit : « Il était dépressif surtout parce que son testament lui échappait. ») Pour être exact, le médecin de Georges n'attestera pas tout à fait ça. Le médecin de Georges attestera qu'il paraissait « tracassé ». Il sera effectivement question de dépression, mais un peu plus tard : « Il est sous antidépresseurs depuis le 16 janvier 2008, suite à une aggravation de son état dépressif, avec idées suicidaires. » Janvier 2008, donc plusieurs mois après s'être enfin délivré du lourd secret qui le rongeait ?

Pour un homme miné par l'angoisse et le remords (selon le gendarme Paul Septembre, Georges avait juré à son neveu Alain d'emporter ce secret dans sa tombe (mais pourquoi, pourquoi ?) et, coincé par sa promesse, aurait envisagé de se suicider pour y échapper), le vieux monsieur a de la ressource. On se souvient que le 22 mars 2004 – c'est Georges lui-même qui le dit –, après l'aveu d'Alain lors du déjeuner, les deux hommes ont parlé de l'héritage (oublions les problèmes, de toute façon elle est morte, peu importe qui l'a tuée, c'est malheureux mais c'est comme ça), Alain comptait partager et lui a proposé d'appeler le notaire pour savoir si son testament de 1979 pouvait encore primer, Georges a refusé, Alain a téléphoné à sa place en se faisant passer pour lui (en tant, certainement, qu'admirateur depuis toujours de Thierry Le Luron, Laurent Gerra et autres grands noms – pendant la confrontation, Alain a ce simple commentaire au sujet de ce coup de fil qu'il aurait passé lui-même : « C'est du délire »), on lui a dit qu'il fallait écrire et Georges ne s'y est résolu, plus par curiosité qu'autre chose (et « pour faire plaisir à Alain », précise-t-il même), qu'une quinzaine de jours plus tard. Ce n'est pas tout à fait exact. Le 24 mars, c'est-à-dire deux jours plus tard, c'est-à-dire surtout le jour même de l'enterrement de sa sœur chérie, il écrit au notaire : « Maître, Il y a un certain temps, un testament a été déposé à votre étude par Marie et Benvenuto Cescon. M. Cescon est décédé en 1993 et Mme Cescon Marie le 17 mars 2004. Je voudrais savoir si ce testament est valable, alors je prendrais contac avec vous pour faire les démarches nécessaires. Si vous pouvez me donner la vérité sur ce testament je vous remercie d'avance. » (Lors de la confrontation, le juge demande à Georges s'il est vrai qu'il a adressé un courrier au notaire – sans souligner ce petit problème de date, sans doute pour ne pas embarrasser son témoin principal. Georges répond : « Oui, parce que le notaire m'avait dit que par téléphone il ne pouvait pas me répondre. » M'avait dit ?)

Par la suite, aller voir la mère d'Alain pour essayer de récupérer sa part d'héritage ne témoigne pas non plus d'un effondrement total. D'ailleurs, si vraiment il avait une arme comme les aveux de son fils pour faire pression sur elle, ne s'en serait-il pas servi pour, comment dire, faire un peu pression sur elle ? Or non, Anne Laprie lui a simplement dit non, elle l'a envoyé bouler.

J'ai écrit un peu plus haut « sœur chérie » mais, en réalité, je ne sais pas. Marie et Georges se sont brouillés en 1998, de manière assez radicale apparemment, et comme toujours, les versions diffèrent – pas qu'un peu. Selon Georges, des cousines étaient venues d'Italie, Marie l'a appelé pour lui demander s'il pouvait les recevoir chez lui, il lui a répondu que la mère de sa femme Régine était hospitalisée, qu'il devait aller lui rendre visite, qu'il ne pouvait donc pas voir les cousines, sa sœur s'est énervée au téléphone, il lui a raccroché au nez. (Ça ne paraît rien comme ça, mais c'est de la grosse fâcherie : ils ne se sont plus adressé la parole jusqu'à la mort de Marie, pendant plus de six ans donc.) À son fils Christian, Georges a donné une autre explication : sa sœur Marie n'aurait pas digéré qu'il refuse de se rendre chez elle le jour de l'enterrement de leur mère. Régine avoue qu'elle était, elle aussi, en mauvais termes avec sa belle-sœur, et depuis plus longtemps : en 1993, au décès de Bienvenu, elle avait « refusé d'accepter Marie à la maison » (décidément…), et depuis, celle-ci lui en voulait. Anne Laprie, elle, déclare : « Mon frère Georges s'est fâché avec ma sœur Marie car il était jaloux d'elle, et parce qu'elle ne voulait pas lui donner d'argent. » Alain, enfin, affirme que la brouille a commencé quand son oncle a refusé de rendre à sa tante les bons au porteur qu'elle lui avait confiés, ainsi que le petit coffre contenant de l'argent et des bijoux, et a pris un caractère définitif quand elle lui a offert une bonne voiture pour qu'il puisse venir la voir et l'aider plus souvent : une fois qu'il l'a eue, il n'a plus donné signe de vie, elle ne le lui a pas pardonné. (Georges

Novembre avait encore trois sœurs ; deux, Anne et Marie, ne voulaient plus entendre parler de lui. Pas vraiment le frère idéal. Avec Josy, ça allait.)

Quelle que soit la véritable raison, c'était du sérieux : Georges reconnaît lui-même qu'ils n'ont plus jamais échangé un mot, qu'ils se sont revus une seule fois, lors des obsèques du père d'Alain Laprie, leur beau-frère commun, mais : « Aucun de nous deux n'a fait un pas pour aller vers l'autre. » La vraie tension polaire. Ce qui ne l'empêche pas de confier à son médecin et d'affirmer aux enquêteurs que s'il a été si douloureusement frappé par sa mort, c'est qu'elle était « comme une deuxième maman » pour lui. Et pourtant, lorsque Alain et sa sœur Brigitte sont venus chez lui, le dimanche 21 mars, pour parler des funérailles, ils lui ont naturellement demandé de les aider à choisir le cercueil, c'était son rôle, il était le frère, mais il a refusé, deuxième maman ou pas, non merci, il leur a dit de s'en charger, de se débrouiller. (« Les pompes funèbres se sont occupées de tout », assurera-t-il plus tard au major Y.) Un peu dépités, ils se sont renseignés, on leur a indiqué que pour que les frais puissent être prélevés sur je ne sais quelle part de succession dédiée à cela, il ne fallait pas dépasser un certain montant. D'où la « caisse en bois » qui a indigné toute la famille.

Alain Laprie a donné de son oncle une image très différente de celle que fournit l'autre partie de la famille (et de celle qui sera présentée aux jurés lors du dernier procès), à la fois lors de ses interrogatoires, dans ses lettres au juge lorsqu'il était en préventive et même pendant la confrontation, face à lui. (Quand le juge d'instruction lui a demandé s'il serait prêt à être confronté à son neveu, Georges a répondu : « Je préférerais éviter, d'autant que j'ai des problèmes de cœur et de tension. ») Ce ne sont, si on veut, que des on-dit, des Alain-dit, mais on écoute la parole de Georges, au point d'envoyer un homme en prison pour quinze ans, il me semble qu'il faut aussi donner une place à celle d'Alain, qui – a priori – ne vaut pas moins.

Alain dit que son oncle envie tout le monde, qu'il passe son temps à mentir et qu'il est coutumier des dénonciations, même imaginaires (encore quelque temps après la mort de Marie, affirme Alain, il a accusé son voisin de braconner et alerté la gendarmerie, qui a enquêté et (cette fois) finalement conclu que c'était faux, que le voisin ne faisait rien d'autre que du bois). « Il a toujours haï ma famille. » Il dit que Georges a dénoncé son beau-frère, le père boucher d'Alain qui, selon lui, ne déclarait pas toutes les bêtes qu'il tuait : un jour où il était entré dans l'abattoir, il avait constaté l'existence d'un important stock de peaux et avait aussitôt averti les impôts pour qu'ils se penchent sur cette fraude. Sympa, le beauf. (Le premier fils d'Alain a confirmé face aux enquêteurs que cette trahison ou cette calomnie (on ne sait pas) avait été à l'origine d'une forte discorde entre les deux familles.) Toujours d'après Alain, le couple Novembre aurait également accusé le boucher de surfacturer les steaks qu'il fournissait à la cantine de l'école du village : on s'était aperçu qu'il en manquait dans les frigos, on avait naturellement soupçonné la seule cantinière de l'établissement d'en prélever régulièrement quelques-uns. Cette cantinière était Régine. Elle avait nié et affirmé que son beau-frère boucher en livrait moins qu'il n'en facturait. Enfin, Alain prétend que son oncle a tenté de mettre la main sur l'héritage de l'un de ses cousins éloignés, un Italien sans enfants dont il se disait le meilleur ami, et qu'il considérait presque comme son frère. Alain a déclaré aux gendarmes qu'il avait eu par hasard au téléphone la sœur de ce cousin, après son décès en 2009, et qu'elle lui avait révélé avoir dû faire déménager son frère, à la fin de sa vie, du village où il vivait depuis toujours, qui était aussi celui de Georges, pour l'héberger chez elle et s'assurer ainsi que ce meilleur ami n'allait pas mettre la main sur tous ses biens (selon Alain, son oncle aurait tout de même réussi à lui prendre pas mal d'argent avant cette opération de sauvetage). On dit, on dit, mais tout de même, elle aurait aussi confié à Alain que son frère lui avait dit et même écrit qu'il ne voulait pas que la famille Novembre soit présente à ses funérailles. (Les enquêteurs ont-ils auditionné cette vieille dame ? Non, bien sûr. Les avocats d'Alain lui ont demandé si elle accepterait de témoigner lors du procès, face à toute la famille de Georges, elle a refusé.) Interrogé à ce sujet lors de la confrontation, Georges répond simplement : « Je ne me suis jamais opposé à ses héritiers. En principe il devait laisser quelque chose à ma fille car c'était son parrain, finalement il lui a juste laissé une assurance-vie, dont je n'ai jamais su pour combien, et c'est tout. »

C'est encore une fois un duel de paroles, aucune de ces histoires ne sera jamais confirmée ou infirmée de manière objective. Les gendarmes ont posé quelques questions à la partie de la famille qui est la plus proche de Georges, ils en ont retenu que c'était un brave homme ; mais ils ont également, le 7 janvier 2008, tandis qu'Alain était incarcéré, recueilli l'opinion de sa mère, Anne, sœur de Georges, qui n'est pas du tout du même avis. Au cours d'une longue audition, elle confirme elle aussi, comme son petit-fils né du premier mariage d'Alain, à peu près tout ce qu'a dit son fils, ajoutant même certains faits qu'il ne doit pas connaître. On lui demande pourquoi son frère aurait accusé son neveu à tort : « Parce qu'il était jaloux, il a toujours eu en tête l'héritage de notre sœur Marie, il voulait tout récupérer. [...] Mon frère a toujours eu le vice de dénoncer les autres. Il a même voulu dénoncer notre propre père, qui travaillait la terre, en l'accusant de ne pas déclarer toute son activité. À la suite de cela, il a d'ailleurs été mis à la porte de notre maison par nos parents. Ensuite, il a dénoncé mon mari, qu'il accusait de ne pas déclarer toutes les bêtes tuées dans sa boucherie. [...] Georges est très intéressé par l'argent. Il a tenté également de prendre l'héritage d'un cousin, un vieux garçon. » Elle défend naturellement son fils, dont elle est certaine de l'innocence, qui « rend service chaque fois qu'il le peut » et « n'est pas capable de faire du mal à quiconque ». Mais elle a l'air réellement remontée. Quand on lui demande alors qui, selon elle, aurait eu intérêt à tuer sa sœur Marie : « Je ne sais pas. Mais je pense que mon frère Georges est capable de tout. »

L'enquête de personnalité sur Georges Novembre, réclamée par le juge d'instruction, ne donnera pas grand-chose, seulement ces quelques mots de conclusion, assez obscurs et plutôt axés sur l'ensemble de la famille : « Sur le relationnel de la famille Novembre, les auditions permettent de constater une différence d'appréciation entre la jeune génération (bonne) et les anciens (détestable). Le rapport à l'argent apparaît constamment. »

Une question vient spontanément à l'esprit : pourquoi Alain Laprie, qui connaissait finalement peu cet oncle, qu'il ne le voyait qu'une ou deux fois par an, principalement lors de la fête annuelle du village, ou d'un enterrement, cet oncle qui avait causé du tort à ses parents, cet oncle surtout qui avait, comme dit sa mère, « le vice de dénoncer les autres », pourquoi Alain, s'il avait besoin d'un confident, l'aurait-il choisi, entre tous les membres de sa famille, pour mettre son sort, sa vie, entre ses mains, lui avouer le crime odieux dont il était coupable ? Dans sa lettre au juge d'instruction datée du 30 janvier 2008, il écrit : « Sachant qu'il avait un testament, que c'est lui qui hériterait, sachant tout le malheur et le chagrin que mon oncle Georges a faits à mes grands-parents, à mes parents, tout le mal et les épreuves qu'il a faits à ma tante Marie, sachant toute la misère, le mal, la jalousie et les crasses qu'il était capable de faire, vous pensez bien que personne de ma famille ne pouvait faire confiance, et encore moins des confidences, à Georges Novembre. » Comment imaginer qu'un matin, le lundi 22 mars 2004, Alain se lève et se dise tout à coup qu'il faut absolument qu'il avoue le crime à son oncle, au point de l'appeler pour venir le voir tout de suite ? Georges a dit aux enquêteurs et à sa famille que son neveu avait impérativement besoin de soulager sa conscience, auprès de quelqu'un en qui il avait toute confiance, et on se souvient que son beau-frère, l'ancien gendarme, a précisé : « En l'occurrence, Georges incarnait cette personne. » Sérieusement ? (Devant le juge d'instruction, le 7 janvier 2010, l'oncle prononce même cette phrase ahurissante : « Ce jour-là, il était en fait venu me demander que moi et la famille, on le soutienne. » Ben voyons. Serrons-nous les coudes, la famille, tous avec moi !) Et même, si Alain était coupable, n'a-t-il pas prouvé, si on peut dire, durant dix-sept ans, au cours d'innombrables interrogatoires, qu'il n'avait pas un besoin si impérieux de soulager sa conscience ? (De manière plus amusante, Georges (dont sa sœur dit qu'il est jaloux des riches) prétend aussi que son neveu lui a dit qu'il ne craignait rien, car il avait des relations haut placées qui le protégeraient (comme tous les riches). Le moins qu'on puisse dire, maintenant que tout est fini, c'est que : non.)

Mais tout cela, c'est de la psychologie, presque, de l'humain, on peut comprendre que la justice flotte là-dedans. Il faut essayer de se concentrer sur des choses plus concrètes.

La scène des aveux telle qu'elle est racontée par Georges et Régine Novembre ne manque pas de surprendre. Alain téléphone le matin, il veut vite venir se confier (il a toujours dit qu'il avait demandé à son oncle s'il pouvait passer rapidement le voir pour une seule raison : il fallait qu'il signe l'autorisation d'ouvrir le caveau familial – et, dans le dossier, figure en effet la demande d'ouverture de ce caveau, signée par Georges Novembre le 22 mars 2004), on prend l'apéro, il avoue tout, il se soulage, puis on parle d'autre chose et on déjeune, Régine est véritablement la reine du gigot, il faudra qu'on remette ça bientôt ! Au moment de la confrontation, l'un des avocats souligne cette bizarrerie à Georges : « Après une telle annonce, vous paraît-il normal de continuer le repas comme si de rien n'était ? » Réponse : « Il ne réalisait pas ce qu'il avait fait, ça ne lui a même pas coupé l'appétit. » L'avocat s'étonne : « Et à vous ? » Comment ça, et à lui ? « À moi non ! Mais si j'avais été à sa place, oui, ça m'aurait coupé l'appétit. Lui il a fait le repas comme s'il n'y avait rien. » (À ce moment, note le greffier, Alain s'invite dans la discussion : « C'est parce qu'il n'y avait rien. ») Son neveu lui révèle qu'il a massacré sa sœur, qui était comme une deuxième maman pour lui, mais pardon, il en faut un peu plus pour quitter la table, il a vécu, il a roulé sa bosse, et puis y a quand même pas mort d'homme, enfin si, bon, de femme, mais bref : on mange ! (Au détour d'une audition, Céline Juin évoque le moment où son oncle Georges lui a raconté cette scène. Elle lui a alors posé la bonne question : pourquoi n'a-t-il pas réagi, pourquoi n'a-t-il rien fait ? Il s'en est défendu, si, si, il a aussitôt proposé à Alain de se rendre à la gendarmerie avec lui, mais son neveu lui aurait répondu que non, il était trop tard. Quatre jours et demi après le crime. Évidemment. Si on ne se dénonce pas dans les deux heures après son forfait, ça ne sert plus à rien, on aurait l'air bête.)

On a aussi du mal à comprendre exactement ce que faisait Régine pendant ce temps. Elle ne sait rien, dit-elle, mais semble hésiter un peu sur la version à donner. En 2010, elle confirme pendant la confrontation (à laquelle elle assiste, mais sans y participer beaucoup) ce qu'elle a dit lors de sa seconde déposition, au début de la même année : elle était dans la cuisine et c'est « au milieu du repas » (selon son mari, à « l'apéritif »), lorsqu'elle est venue apporter la viande, qu'elle a vu qu'Alain pleurait et a entendu la conclusion de la conversation : « Oui, c'est moi qui l'ai fait. » Elle est alors aussitôt repartie dans la cuisine, tandis qu'ils continuaient à en parler. (C'est une épouse très dévouée, à la façon japonaise du Moyen

Âge : elle cuisine, elle apporte le plat de viande aux hommes, elle repart dans la cuisine sans manger.) On lui demande pourquoi elle a tourné les talons sans essayer d'en savoir plus, elle répond : « Il était là pour manger, il fallait que je continue à préparer mon repas. » Après avoir apporté le plat, donc.

Un an plus tôt, son premier témoignage, un peu affiné par la suite, était encore plus bancal : lorsque Alain avait dit « Oui, c'est moi qui l'ai fait », elle s'était assise (c'est le plus logique) et avait mangé avec eux pendant qu'ils continuaient à discuter – « Je ne suis pas intervenue dans la conversation car ce n'est pas dans mon tempérament. » Le moins logique, c'est que là non plus, elle ne savait pas ce qu'Alain avait dit à part oui c'est moi qui l'ai fait. C'est le summum de la discrétion et du raffinement au temps du shogunat Ashikaga : non seulement la femme ne parle pas, mais elle n'entend pas non plus, elle sait fermer ses oreilles.

Ce n'est pas bien de ma part, on dirait que je me moque, ou que j'exagère. Honnêtement, je suis loin d'être sûr que, dans de telles circonstances, je pourrais livrer un témoignage clair, précis et solide, surtout cinq ans après les faits, et surtout à l'âge de Régine. Cela peut aussi expliquer quelques divergences dans les réponses que le couple a données au juge d'instruction. Par exemple, ont-ils parlé ensemble de l'incroyable aveu de leur neveu ? Régine dit non, « pas tellement », car son mari « était malheureux, il a fait dans la dépression » ; Georges, lui, assure que oui, ils en ont même « parlé et reparlé », ils ne comprenaient pas « comment il avait pu faire cette bêtise », ils en ont parlé, parlé et reparlé. Étaient-ils au courant que Marie, six ans avant sa mort, avait changé son testament et que Georges n'était plus l'héritier ? Ce dernier déclare que non, pas du tout, puisqu'il n'avait plus adressé la parole à sa sœur depuis, il ne savait pas. Son épouse, elle, répond que bien sûr que oui, ils étaient au courant, « on savait très bien que c'était Alain l'héritier, il ne parlait que de ça, de son testament ! »

Régine a refusé de témoigner lors du procès de février 2020, celui qui a définitivement condamné Alain Laprie, elle ne s'est pas présentée au tribunal en prétextant qu'elle ne se sentait pas bien, qu'elle avait « mal à la tête ». Elle allait bien mieux juste après le verdict, le dimanche 23 février : sur des photos (et un petit reportage que j'ai trouvé sur Youtube), on la voit lors de la fête des Bœufs gras (organisée par le boucher du village, lointain successeur du père d'Alain), faire la queue puis passer entre les tables, au milieu de deux cent soixante mangeurs de bons steaks frites, un ticket à la main, tout sourire. Mais la semaine a dû être éprouvante, même à distance, elle a le droit.

Le plus important, de toute façon, le plus solide, reste tout de même la teneur des aveux, ce que rapporte Georges de la confession circonstanciée de son neveu, qu'il n'a pas pu trouver dans les journaux et qui s'avère parfaitement corroboré par les conclusions du Groupe des techniciens en investigations criminelles (GTIC).

Ce qui est corroboré par les conclusions du GTIC, par exemple, c'est que le feu a bien pris dans la pièce qui se trouve derrière la cheminée, comme l'a dit Georges. Ce qui l'est un peu moins, si l'on veut être réellement objectif, c'est le déroulement de la scène : Alain bouscule sa tante, elle se relève, il s'énerve, lui dit qu'il ne viendra plus jamais la voir, elle lui répond que dans ce cas-là elle préfère mourir que rester seule (on peut remarquer ici en passant qu'elle aurait dit à Alain exactement ce qu'elle a dit à Christian et Corinne dans l'après-midi : elle préfère mourir que rester seule), ah tu veux mourir ?, il sort chercher un bâton, il revient et l'assomme. Quand on voit la très grande quantité de sang qui macule l'angle du mur que la tête de Marie a manifestement heurté (une large tache, comme éclaboussée, à l'endroit où le crâne a cogné et s'est ouvert, puis énormément de sang jusqu'au sol, en traces de contact, des deux côtés de l'angle, comme si elle s'était affalée d'un côté puis, à mi-chemin, de l'autre – du sang sur le pas de la porte également et sur le sol de la cuisine), on l'imagine difficilement se relever l'air de rien ou presque et continuer à se disputer avec son neveu, qui finit par sortir chercher un bâton. (Il y a une caisse avec des petites bûches à vingt centimètres d'eux dans la véranda, un gros sécateur posé sur le lave-linge, trois cannes à portée de main, mais non, Alain préfère sortir pour aller chercher un bâton dans le jardin, dans la nature, ce sont les meilleurs.) On ne peut douter non plus que l'agression a eu lieu alors que Marie était face à quelqu'un qui se trouvait dans l'embrasure de la porte de la véranda qui donne sur l'extérieur, c'est-à-dire quelqu'un qui était vraiment sur le point de partir (ou qui arrivait), le coup sur la tête n'a pas eu lieu dans la cuisine ou le séjour. (Et enfin, puisqu'il faut croire ce que dit l'oncle Georges sinon plus rien ne tient, ce n'est pas à cause de l'argent ou de l'héritage que Marie est morte, comme l'ont pourtant déterminé la gendarmerie et la justice, mais parce qu'elle avait traité la mère d'Alain de salope et de pute. Mais après tout, le mobile, c'est comme les preuves et les aveux, c'est un détail – on le tient, c'est le principal.) Ce qui est moins corroboré aussi, c'est la manière dont Alain a mis le feu : il a jeté un papier enflammé dans la chambre. Ce n'est pas du tout (mais alors du tout) le bon moyen pour initier un feu couvant. Un feu couvant, dans la grande majorité des cas, c'est avec une cigarette, ou quelque chose de ce genre, des braises, un truc qui ne fait pas de flammes mais consume lentement, pas un papier enflammé, qui s'éteint ou met le feu à tout. (Sauf, explique l'un des innombrables experts incendie, si un accélérant est utilisé en même temps : là, ça prend vite et fort, flouf, puis ça s'étouffe à cause du manque d'oxygène, et ça couve, ça couve. Dans les dernières pièces du dossier, on lit justement qu'un accélérant a été utilisé, probablement type deux-temps, comme le carburant de la tronçonneuse… Mais c'est une nouvelle fois un peu, comment dire, habile, comme conclusion. Car au début de l'enquête, on est plus précis. Les techniciens en investigations criminelles disposent d'un outil formidable, un détecteur à peu près infaillible d'hydrocarbures. Ils en ont trouvé quelques légères traces dans la cheminée, l'examen s'avère « positif bien que faible » (plusieurs personnes ayant indiqué que Marie utilisait parfois des petits cubes d'accélérant pour allumer ses feux, cela ne signifie pas grand-chose) ; mais pas le moindre signe de présence d'un hydrocarbure quelconque dans la chambre où le feu a pris. (On l'a passé dans toute la pièce, mais aussi ensuite, en labo, sur les échantillons prélevés dans les décombres.) C'est une méthode utilisée pour plusieurs autres points du dossier, plus subtile que celle du Chinois sur sa Harley : on dit au début la vérité, puis on l'atténue, on la modifie peu à peu, au fil des années, de manière presque imperceptible. Au début, on a trouvé un accélérant dans la cheminée, pas dans la chambre ; au milieu ça devient plus flou, on a trouvé des traces d'accélérant dans la maison, ce qui est vrai ; et à la fin, on enlève « dans la maison », il y a eu un incendie et on a trouvé des traces d'accélérant. (Résultat, sur W9, et c'est donc plus ou moins aussi ce qui a pu se former dans l'esprit des jurés : « Les analyses révèlent que le tueur a déclenché l'incendie avec l'essence de la tronçonneuse. »)) Une dernière chose à propos du départ de feu, puisqu'on en parle. Ce papier enflammé jeté dans la chambre fait petit bras. Juste un papier ? On a trouvé, sur le plancher de la chambre d'amis, là où était le lit, un important « point thermique » ou « zone de carbonisation » d'environ 70 centimètres de diamètre, le plancher est carbonisé à cet endroit, ce qui semble montrer que c'est là que le feu a pris, que c'est là que le matelas s'est effondré. Bon. (On démarre un feu avec un papier au centre d'un matelas, deux ou trois heures plus tard tout s'embrase, et on retrouve la trace du point de départ sur le plancher, les braises initiales ont traversé le matelas et le sommier métallique comme de l'acide, de la lave en fusion ? Je suis bien loin d'être spécialiste, je suis même tout à fait novice – donc simpliste peut-être – en matière d'incendie (je me suis retrouvé coincé en famille pendant sept heures au milieu de mille flammes enragées de trente mètres de haut en Italie, bien au sud de la terre natale des Novembre, nous étions terrifiés tous les trois sur le sable brûlant entre une immense forêt de grands pins qui flambaient comme des allumettes et la mer entièrement couverte d'une fumée noire mortelle, malheureusement ça n'apprend rien, ça ne sert à rien d'autre qu'à avoir peur, c'est nul), mais ça ne ressemble pas plutôt à un feu qu'on aurait allumé *sous* le lit, sur le plancher, pour être sûr que tout s'enflamme ?) Ce qu'on ne dit que dans les premières pièces du dossier et qu'on oublie ensuite, c'est qu'il y a une autre forte zone de carbonisation, dans le couloir, plus importante encore, de deux mètres de long sur un de large. On ne sait pas ce qui a intensément brûlé là (il n'y avait rien dans ce couloir, pas de meuble), mais ce n'est pas un morceau de papier.

Le major Y est consciencieux. Quand Georges lui répète en détail les prétendues déclarations d'Alain, il ne s'emballe pas tout de suite, il est sur le qui-vive : le témoin n'aurait-il pas lu les journaux dans les jours qui ont suivi le crime, par hasard ? Le témoin reconnaît honnêtement que si, qu'il a même découpé deux articles et les a conservés. (« C'était quand même ma sœur. Pour moi, ces articles, c'est un peu comme un souvenir. ») En enquêteur professionnel, le major s'empresse de vérifier dans les deux articles concernés, après les avoir réclamés au journal *Sud Ouest*. Et, ouf : « Aucun des détails énoncés par Novembre Georges n'apparaît dans les deux articles de presse du journal *Sud Ouest*, à savoir "le coup de bâton sur la tête" et l'origine de l'incendie, "un papier allumé lancé dans la chambre derrière la cheminée" », écrit très officiellement Y. Le coup de bâton sur la tête, il faudra y revenir, mais l'origine de l'incendie ? Un « papier allumé », bon, personne ne le sait ni ne le saura jamais, même si cela semble sujet à caution, mais « dans la chambre derrière la cheminée » ? (Ce qui est, soit dit en passant, une drôle de formulation pour désigner une pièce dans une maison – « Où se trouve la salle de bains, chez toi ? — Derrière la télé. ») Dans le numéro de *Sud Ouest* paru le 19 mars 2004, surlendemain matin de l'incendie, on lit : « Le feu aurait pris dans une pièce annexe située derrière la cheminée. » Vous n'avez pas honte, major ?

Quatre jours plus tard, le 23 mars, dans le seul autre papier de *Sud Ouest* sur l'affaire à cette époque, intitulé « Décès de l'octogénaire : ce serait bien un meurtre », on apprend que la victime était « grièvement blessée à l'arrière du crâne, comme si elle avait été violemment frappée, ou comme si elle s'était cognée ». On ne parle pas de bâton, d'accord. Mais avec quoi aurait-elle pu être violemment frappée, une casserole, (une poêle ?), une batte de baseball, un César ? Non, un bâton, ça semble le plus évident. Pour s'assurer que ça passe, il dit avoir posé cette question très étrange à son neveu : « Qu'est devenu le bâton ? » (Qui peut penser à demander cela ?) Alain lui a répondu, dit-il, qu'il l'avait jeté dans le feu, donc voilà, parfait, le bâton a disparu, on ne pourra pas dire que ce n'était pas l'arme du crime. (Il faut encore s'arrêter deux secondes ici et visualiser les gestes d'Alain Laprie, qui affirme que le bâton a brûlé. Il frappe violemment sa tante sur le crâne, puis, drôle d'idée, il va poser le bâton ensanglanté sur le lit (seule possibilité qui coïncide avec sa certitude ensuite qu'il a brûlé), où le feu va couver pendant des heures ? Qui peut sérieusement imaginer cette scène (à part Georges et le major Y) ?) Qui a dit que le bâton était l'arme du crime, au fait ? Qui a jamais parlé de bâton ? L'une des avocates de la partie civile, Me Orchidée, assure sur W9, pour soutenir le témoignage de son client (ou plutôt du mari de sa cliente), que selon les légistes, la blessure a pu être causée par un bout de bois, mais où a-t-elle lu cela ? Non, pas une fois, ni dans le rapport d'autopsie ni n'importe où ailleurs de la main d'un légiste ou d'un expert quelconque, il n'est question d'un bout de bois ou d'un bâton. Personne ne parle de bâton. L'autopsie souligne même que le choc à l'arrière de la tête à la suite d'une chute est nettement le plus probable, bien qu'on ne puisse pas tout à fait exclure l'utilisation d'un objet contondant – mais avec une blessure à l'arrière du crâne, peut-on jamais totalement exclure l'utilisation d'un objet contondant ? D'où sort ce bâton ? Comment l'accusation peut-elle décréter que puisque personne n'a jamais parlé de bâton, c'est la preuve qu'il y avait bien un bâton ?

Contrairement à ce qu'affirme si péremptoirement Y (et d'autres : l'un des gendarmes qui conduit l'interrogatoire de garde à vue d'Alain en décembre 2009 ose lui demander ce qu'il a à répondre, sachant que « les propos rapportés par Georges Novembre correspondent en tous points aux constatations faites par nos techniciens en investigations criminelles » – correspondent en un seul point, en fait : le feu qui a pris dans la pièce derrière la cheminée, et c'est dans le journal), contrairement à ce qu'ont donc entendu les jurés lors du procès, rien (de rien) de ce que « rapporte » Georges n'est corroboré par quoi que ce soit, tout, chaque mot de ce témoignage, chaque détail, se révèle en fin de compte soit faux, absurde, soit seulement hypothétique, spéculatif, soit tiré de *Sud Ouest*.

Mais le major Y, avec ce, cette, bon, petite étourderie, supposons, a gravé ce témoignage magique dans le marbre. C'est assez vertigineux, quand on essaie d'y penser à froid : c'est le seul élément tangible (qui s'évapore) dont disposait l'accusation pour envoyer Alain Laprie finir sa vie, ou presque, dans une cellule.

Le major était témoin lors du procès, évidemment. Sur les réseaux sociaux, j'ai pu trouver deux photos de lui dans sa vie de tous les jours. Je les ai téléchargées et envoyées par mail à Mariane et Valentin. Ils sont à peu près persuadés – plus qu'à peu près – que c'est lui, Y, qu'ils ont vu à la sortie du palais de justice, après le verdict, discuter et rigoler avec la famille Novembre.

Mais après tout, ce n'est pas rare. À l'issue d'un procès, un policier ou un gendarme qui pense que le suspect sur lequel il a enquêté est coupable se rapproche assez naturellement des parties civiles si l'accusé est condamné, il est « content » pour elles, c'est normal, sa mission est accomplie, on ne peut pas s'indigner de leur satisfaction commune, ils avaient le même objectif. Il est tout aussi compréhensible que la famille du condamné en soit choquée.

Le seul élément tangible dont disposait l'accusation, avant de s'évaporer, a bien rempli son office. Dès sa révélation, en 2007, il a modifié les déclarations de toute une partie de la famille (dans le dossier, le changement n'apparaît qu'en 2009, puisque les auditions de 2007 ont été annulées après le recours des avocats d'Alain pour vice de procédure, et renouvelées en 2009). C'est normal. C'est certainement de bonne foi, ou pas loin. On croit le vieux Georges, ce salaud d'Alain lui a tout avoué, alors on force sur les mauvais côtés, quitte à exagérer un peu – c'est pour la bonne cause. La famille Novembre et ses proches se mettent à l'enfoncer systématiquement (et si en plus, par hasard, ça permet d'hériter à sa place, ça ne gâche rien). En substance : « Oui, je le crois capable d'avoir tué sa tante pour de l'argent, je ne l'ai jamais aimé, ça ne m'étonnerait pas de lui », ou : « Elle ne voulait plus lui servir de poule aux œufs d'or, elle me l'a dit, il ne l'a certainement pas supporté. » Même Christian Novembre, l'un des derniers sur les lieux le 17 mars, a changé sa déposition de 2004. Et sa femme Corinne lui a emboîté le pas – en 2009, interrogés séparément, ils disent exactement la même chose tous les deux, aux mots près à plusieurs reprises, on devine que c'est un peu préparé.

En 2004, Christian Novembre disait de Marie que cet après-midi-là, elle ne leur avait « fait part d'aucune inquiétude particulière », elle paraissait d'humeur normale, juste « lassée de la vie », comme toujours, et un peu triste quand ils avaient dû la quitter le soir, comme toujours. Interrogé de nouveau le 1er mars 2007, donc avant le coup de théâtre de son père, il ne déclare toujours rien de spécial à son propos, il n'évoque ni colère ni rancœur, tout va bien. Mais en 2009, rien ne va plus : « Elle n'avait pas le moral, elle parlait de son argent, d'Alain qui voulait élargir un chemin permettant l'accès à un terrain, elle ne voulait plus donner d'argent pour ces travaux, elle était en colère après lui, elle n'était pas bien. » (Rappel : juste après leur départ, Paulette Framboise a trouvé sa voisine détendue, en forme, joyeuse.) Pour Corinne, « elle était déprimée, en colère après Alain pour des histoires d'argent, elle lui reprochait de toujours lui demander de l'argent, elle ne voulait plus lui en donner. » Corinne Novembre groupe ensuite les deux mobiles possibles : « Je pense qu'il a pu le faire pour l'argent, par peur d'être déshérité, et je pense que ce jour-là la tante a pu le mettre en colère vu son état et ce qu'elle nous a dit de lui. Je dis ça car au cours de l'après-midi elle nous a tenu des paroles blessantes envers la mère d'Alain en la traitant de salope, de pute. » Incroyable (c'est le même principe que « mourir plutôt que rester seule ») : l'après-midi, Marie aurait traité Anne « de salope, de pute » devant Corinne et Christian, et en début de soirée, selon leur père, Alain se serait énervé parce qu'elle traitait sa mère « de salope, de pute ». Les mêmes mots, à la virgule près. Quand elle avait une idée en tête, la Tatie de Pompignac…

Au risque de me répéter, je ne pense pas que Christian et Corinne aient réellement de mauvaises intentions, ils doivent être convaincus que c'est ce qu'il faut dire. Ils vont dans le sens de leur père et beau-père. Et peut-être que, plus ou moins inconsciemment, la perspective d'une grosse rentrée d'argent joue un petit rôle en coulisse – l'occasion fait le larron, constate la sagesse populaire. Corinne a tout de même la main lourde : elle semble prêter à Alain des pensées perfides, on n'est pas loin de la préméditation, si ce n'est du machiavélisme, elle le voit tapi dans l'ombre avant de passer à l'action. Elle confirme qu'il est venu leur dire bonjour peu après son arrivée, puis : « Il nous a quittés pour aller faire du bois, enfin c'est ce qu'il nous a dit mais nous pouvions l'apercevoir depuis la fenêtre de la cuisine et je ne l'ai pas vu s'éloigner de sa voiture. » La fenêtre de la cuisine est couverte d'un voilage en dentelle. On voit un peu à travers, mais elle donne sur l'intérieur de la véranda, dont la baie vitrée est obstruée sur un tiers de sa hauteur par un store. Ensuite, il y a près de trente mètres de jardin, avec une rangée de grands arbres au milieu, un poulailler, un grillage, une remise, et au fond, sur la droite du chemin qui mène chez Daniela Clémentine et Thierry Cassis, la voiture garée d'Alain. Mais imaginons que Corinne pouvait pile la voir. Alain serait donc resté près d'une heure et demie debout à côté, à observer sournoisement la maison ? Non : Daniela Clémentine a vu la voiture d'Alain dans l'après-midi (sans lui) et entendu les bruits de la tronçonneuse. Jean Prune, lui aussi voisin de derrière, qui partira plus tard jouer au tennis, consolide ce témoignage : dans l'après-midi, il a entendu le moteur des outils dans le bois.

Corinne ne s'arrête pas là : « Lorsque nous sommes sortis de la maison vers 18 h 30, il était encore à sa voiture, je crois qu'il mettait ses bottes, j'ai trouvé bizarre qu'il mette tant de temps à se préparer [ah oui, très bizarre, très, une heure et demie pour enfiler un pull et des bottes, oui], je me suis fait la réflexion qu'il n'allait pas beaucoup travailler à l'heure qu'il était, avec la nuit tombante. » Elle pense même qu'Alain, à ce moment-là, a mis une combinaison par-dessus ses vêtements (hum), mais elle n'en est « pas sûre ». « En fait, je ne l'ai jamais vu s'éloigner du véhicule. J'avais plutôt l'impression qu'il nous observait et qu'il attendait qu'on parte. » Hum.

Tout n'est certainement pas faux, et Corinne croit peut-être à ce qu'elle dit. Mais à 18 h 30, il est évident qu'Alain ne se préparait pas, qu'il avait fini, plutôt, et qu'il enlevait ses bottes, ou du moins achevait son après-midi de bûcheron amateur, il lui fallait encore ranger le bois coupé et Paulette Framboise l'a vu dans la remise un quart d'heure ou vingt minutes plus tard. Quant à la combinaison, ni lui ni personne n'a jamais mentionné une combinaison, et si Paulette l'avait vu en combinaison, prêt pour le bain de sang, il me semble qu'elle l'aurait dit, en mémoire de la pauvre Marie. (Et puis cela voudrait dire qu'il a discuté une demi-heure avec sa tante en bottes et combinaison (et gants, pourquoi pas ?) avant de finalement la bousculer et la tuer au moment de partir – ou qu'il l'a bousculée et tuée direc', alors que Paulette était encore en train de traverser la route vers son jeu d'Arthur, et donc qu'il avait tout prémédité froidement, en assassin professionnel, que cela n'a rien à voir avec un coup de colère.)

Mais il fallait étayer le scoop de Georges. Corinne, Christian, Régine, Gisèle Octobre, Anatole Poivron et deux ou trois autres s'y sont attelés. Ils sont les seuls. Lorsqu'on n'est pas directement concerné, on regarde possiblement les choses de manière plus lucide, détachée : autour des Novembre et de leurs amis, partout ailleurs, on perçoit de gros doutes. Pour ne citer que deux témoignages, et sans parler des très proches d'Alain, une habitante du petit bourg des Novembre, qui y est née et y vit toujours, qui connaît donc bien la famille, se pose pas mal de questions : « L'inculpation d'Alain Laprie me paraît invraisemblable, je refuse de croire à cette histoire. Je tiens à dire que je m'interroge, car j'ignore si une enquête de moralité a été diligentée sur son oncle Georges Novembre. Je sais qu'il s'agit d'un homme qui aime l'argent. D'après la rumeur, il visait l'héritage de sa sœur Marie. » L'ancien médecin du même village, qui a soigné toute la famille, celui qui déclarait qu'il était « viscéralement » impossible pour lui d'envisager qu'Alain soit coupable, ne nomme personne mais se montre encore plus clair : « Je pense qu'il a été victime d'une dénonciation mensongère. »

Après avoir poli, lissé, verni, blindé leur témoin principal (unique), il ne restait plus aux gendarmes et aux juges d'instruction qu'à faire tomber ce qui lui faisait face : l'alibi d'Alain Laprie – pour l'accuser en négatif, puisque le positif, la recherche de preuves, n'a pas fonctionné. (J'ai oublié une autre tentative infructueuse (il y en a eu tellement, il y a tellement de choses à écrire (et je me précipite peut-être un peu) que j'en ai laissé en route et ça se bouscule à la fin (heureusement qu'on a inventé les parenthèses)) : ayant remarqué plusieurs traces de sang sur la porte de la véranda, notamment une qui recouvre presque toute la poignée, et étant donné l'état de la boîte d'allumettes ensanglantée découverte dans la chambre d'amis (mystérieusement, je trouve, on n'a en revanche pas décelé une seule trace sur les trois boutons de la gazinière), les gouttes projetées un peu partout (donc sur son agresseur aussi) par la chevelure de Marie qui a dû secouer la tête, et le sol de la cuisine qu'on ne pouvait traverser sans marcher dans les flaques, les enquêteurs ont conclu que le meurtrier devait, au moment de partir, avoir du sang sur lui, sur ses mains, ses vêtements, sous ses chaussures. Lors de la première garde à vue d'Alain, le 22 juin 2004, ils ont donc scrupuleusement examiné la Volvo break grise qu'il conduisait ce jour-là. C'était trois mois après les faits, mais on sait que certaines techniques permettent de retrouver d'infimes traces de sang après des lustres. Chaque centimètre carré de la voiture, habitacle et coffre, a été vaporisé au luminol (Bluestar) et scruté au Crimescope, pas une microtache de sang n'a été détectée.)

Pour contrer l'alibi, car alibi il y a, et costaud, ce n'est pas compliqué : il suffit de démontrer que le crime a eu lieu à une heure que l'alibi costaud ne couvre pas, donc à 20 heures ou avant. On balbutie d'abord avec le réveil cassé, qu'on essaie de faire parler. L'aspect paradoxal de la démonstration est presque drôle (à 19 h 55, donc : feu ravageur dans toute la maison ou feu couvant juste dans la chambre d'amis ?), mais le reste, ce qui y mène, moins. Dans une synthèse du 28 novembre 2009, c'est le major Y qui écrit, déclenchant les applaudissements frénétiques de La Palice depuis sa tombe : « Le réveil fonctionnait avant sa mise hors service. » On se demande d'où il tient cette information ; on comprend lorsque le juge d'instruction affirme à Alain Laprie, le 11 janvier 2010, pour le bousculer : « L'expertise a permis de démontrer que le ressort du réveil était remonté, ce qui signifie qu'il fonctionnait. » Bon, il suffit d'aller vérifier dans le rapport d'expertise. Qui, en réalité, démontre très exactement l'inverse.

L'expert remarque, dans un premier temps, qu'à l'intérieur du réveil, deux petites pièces sont « sorties de leur logement », bloquant le mécanisme. Cela peut signifier deux choses : que le réveil ne fonctionnait plus depuis plusieurs jours (ou semaines), ou bien, c'est vrai, que sous l'effet de la chaleur intense, ou plus probablement d'une chute provoquée peut-être par une bagarre, ou une personne qui a fouillé nerveusement la chambre de Marie, les deux pièces ont « sauté ». Tout pourrait encore aller pour le major, le juge, l'accusation. Mais l'expert est précis. Il explique comment fonctionne un réveil (ça sert toujours). En gros, quand on le remonte, on serre un genre de spirale métallique sur elle-même, qui en se relâchant lentement, en se déroulant progressivement, actionne le mécanisme des aiguilles. L'homme de l'art note effectivement que ce ressort est remonté – le juge dit vrai – mais il précise : au maximum. Et il prend des photos pour que ce soit plus clair. On y voit sans doute possible que la spirale est resserrée à fond. Donc soit le réveil ne fonctionnait plus (à cause des deux pièces sorties on ne sait quand de leur logement), Marie l'a remonté un jour pour essayer de le relancer, il n'a toujours pas fonctionné, le ressort en spirale n'a pas bougé d'un millimètre ; soit Marie l'a remonté à bloc quelques secondes avant de mourir. Le réveil ne fonctionnait plus depuis un moment, on ne peut qu'espérer que Y et le juge ont mal lu le rapport de l'expert, ou n'ont pas pris le temps de le comprendre.

Mais ça, c'est de la rigolade, de la gnognote à côté du reste, à côté des deux éléments principaux, des deux dernières cartouches qui ont permis de faire sauter l'alibi d'Alain, et d'envoyer un homme de 65 ans, 66 ans aujourd'hui, dans une cellule à l'écart du monde.

À quelle heure a-t-on mis le feu ? À quelle heure a-t-on tourné les boutons du gaz ? Ce sont, dans les dernières années de la très longue instruction, celles qui ont mené aux procès, les deux seuls problèmes que l'accusation a eu à régler pour sceller définitivement le sort d'Alain Laprie.

En ce qui concerne le gaz (je viens de penser à quelque chose qui m'avait échappé (parce que n'existant que par son absence) : quand Georges rapporte les propos de son neveu, qui aurait été précis au point de lui expliquer de quelle façon il a procédé pour mettre le feu et même ce qu'il a fait du bâton, il ne dit pas un mot d'un « détail » qui ne manque pourtant pas d'importance, le fait qu'il ait ouvert le gaz pour faire tout exploser ; certainement parce que ce n'est pas révélé dans le journal, que seuls les enquêteurs, et le meurtrier, étaient au courant), en ce qui concerne le gaz, l'information qu'ont reçue les jurés lors du dernier procès, celle qui figure dans le réquisitoire définitif, c'est qu'il ne faut pas en tenir compte, du gaz, puisque la bonbonne extérieure était fermée. Ils l'ont même, logiquement, incluse très explicitement dans la motivation de leur verdict : « La cuisinière n'était pas alimentée en gaz. » On ne peut pas être plus clair.

Comment est-ce possible ? Toutes les personnes qui connaissaient Marie, sans exception, voisins, proches, famille, ont affirmé qu'elle ne s'occupait jamais de cette bonbonne placée dans un caisson en bois fermé, dehors, sous l'escalier extérieur en colimaçon qui mène aux combles. Même Christian Novembre, dont on pourrait pourtant penser qu'il n'a pas vraiment intérêt à aller dans ce sens puisqu'il semble croire à la culpabilité de son cousin Alain, en témoigne en 2009 : « Je n'ai jamais vu ma tante aller à l'extérieur pour ouvrir ou fermer le gaz. » Le voisin d'en face, Lucien Framboise, à qui elle demandait de changer la bouteille quand elle était vide, déclare qu'elle n'y touchait jamais. (De plus, il fait peu de doute qu'elle s'en est servie peu avant sa mort, pour chauffer le potage ou le café qu'on voit dans son bol (posé à côté de l'allume-gaz), peut-être dans la théière métallique qu'on a mystérieusement retrouvée dans la poubelle. (À ce sujet, nouvelle prouesse gendarmesque : cette théière tachée, sur laquelle on a découvert « de nombreuses traces brunes » et qu'on a donc logiquement saisie et placée sous scellé, n'a finalement jamais été analysée, même pas un petit coup rapide, un adjudant du GTIC de la région Sud-Ouest ayant décrété que « ces traces *paraissent* [c'est moi qui mets en italique] s'apparenter à de la rouille et non à de la matière biologique ».)) La seule personne à avoir été en contact avec cette bonbonne le soir de sa mort, le seul témoin, Michel Kiwi, est formel : il a fermé le robinet de sortie du gaz avant d'arracher le tuyau (c'est le plus évident et naturel des réflexes, à côté d'une maison en feu). Il l'a répété trois fois durant les années d'instruction, il est absolument certain de ce qu'il dit. Au procès, on lui a même demandé de refaire le geste, pour s'assurer qu'il n'avait pas tourné dans le mauvais sens : en se demandant probablement si on le prenait pour un débile, il a refait le geste devant tout le monde, sans hésiter et dans le bon sens.

Tout prouve que le gaz était ouvert et, contre toute logique élémentaire, la justice annonce que non, sachons nous détacher des apparences, il était fermé. S'il fallait convoquer le paranormal, les fantômes ou les créatures venues d'autres planètes pour expliquer cela, on a l'impression que l'accusation n'hésiterait pas. (« Je jure qu'à 20 h 05 j'ai vu un pommier dans le jardin de monsieur Tartempion, d'ailleurs sa femme m'a dit qu'il était là depuis quarante-cinq ans.
— Peut-être mais à 20 h 10 il n'y était plus, mesdames et messieurs les jurés, car il a été atomisé par un rayon répulseur d'Iron Man. Si. Si, c'est vrai. Le truc qui sort de ses paumes, là, si. »)

Pour essayer de consolider cette affirmation farfelue, on évoque d'abord l'odeur : ni les deux jeunes entrés les premiers dans la maison ni les pompiers n'ont senti le gaz. Si personne n'a senti le gaz, c'est bien qu'il était fermé. On laisse de côté l'état de stress dans lequel se trouvaient Julien et Damien, on laisse surtout de côté l'odeur de feu et de fumée qui envahissait toute la maison, et surtout de chez surtout, on laisse de côté la remarque judicieuse du premier pompier auquel on a posé la question (il n'a rien dit, il n'a rien dit, oublions) : il explique qu'il est tout à fait normal qu'il n'ait pas senti le gaz, puisque la moitié du toit était détruite et que la maison était donc plus que bien ventilée.

On a ensuite tenté de s'appuyer sur plusieurs expertises consécutives – jusqu'à ce qu'on trouve un expert convenable (une technique qu'on utilisera une autre fois, à plein régime, pour le feu couvant). Le premier est prudent, il écrit qu'on ignore si la bouteille de gaz était ouverte ou fermée, mais puisque les jeunes n'ont pas senti le gaz et qu'il n'y a pas eu d'explosion, « on peut légitimement penser que le robinet de la bouteille de gaz était, pour une raison indéterminée, en position de fermeture pendant l'incendie ». Sur quoi s'appuie-t-il réellement ? Sur les nombreuses pièces du dossier que le juge d'instruction lui a fournies. L'expert en dresse la liste précise, on y trouve à peu près tout ce qui peut être utile à son analyse (jusqu'aux auditions et interrogatoires d'Alain Laprie, on se demande un peu pourquoi). On en a juste omis une, zut. Le témoignage de Michel Kiwi. Celui dans lequel il affirme : « J'ai fermé la bouteille de gaz. » Étourderie ! C'est embêtant, car du coup, l'expert écrit dans son rapport que ce sont Julien et Damien qui ont arraché la bonbonne de gaz, Michel n'existe plus.

On demande leur avis à deux autres spécialistes, qui ne peuvent pas être très précis puisqu'à eux non plus on ne donne pas toutes les pièces nécessaires (l'un d'eux écrit par exemple : « Il conviendra de peser la bouteille de gaz pour confirmer qu'elle est vraiment vide », alors qu'elle ne l'est pas du tout – celui-ci indique au détour d'un paragraphe qu'il y a deux ventilations dans la cuisine, une haute et une basse, on n'y prêtera pas attention ; un autre entreprend de longues recherches, vaines, auprès des vendeurs de bonbonnes pour savoir depuis quand celle-ci est en service, alors qu'il suffisait de demander à Lucien Framboise, qui l'a installée), mais le dernier spécialiste parvient à atomiser le problème grâce à une démonstration logique qui ferait tomber n'importe qui à genoux, d'admiration.

Il rédige en quelque sorte l'expertise « Gaz » définitive, en octobre 2013 (il serait temps). Sa mission : déterminer s'il est possible qu'une grande quantité de gaz se soit échappée des brûleurs pendant le temps où le feu a couvé (le feu a couvé, donc). Il indique d'abord que oui, peut-être, puisque la porte entre le couloir (où se développe le feu) et la cuisine était fermée. Mais non, se corrige-t-il. Car à partir du gaz restant dans la bouteille (83 %), on a calculé, de manière incontestable, qu'il n'avait pas pu s'échapper pendant plus d'une heure et douze minutes. Puis – attention, les genoux vont prendre un coup en heurtant le sol : « Le temps de débit du gaz manquant est largement inférieur à la durée de développement de l'incendie si l'on considère qu'il a été initié trois heures avant sa découverte. Ce qui confirme qu'il n'y a pas eu de fuite de gaz dans la pièce. En conséquence, je retiens que le robinet de la bouteille de gaz placée à l'extérieur était fermé au moment où les robinets de la gazinière ont été ouverts. » Magnifique. Si l'on peut affirmer sans conteste que le gaz était fermé, c'est parce que sinon, le feu n'aurait pas pu couver trois heures. Il ne reste plus qu'à reprendre cette conclusion de la Science dans le réquisitoire définitif, le 27 juin 2014 : « Il n'y a pas eu d'échappement de gaz butane, la dernière expertise réalisée soulignant ce que le bon sens commandait déjà. [...] L'auteur des faits ignorait manifestement que le robinet de gaz de la bouteille était en position fermée. » Voilà. Le robinet était fermé, le gaz ne s'est pas écoulé pendant une heure douze, on n'a pas ouvert les boutons de la gazinière à 21 h 45 au plus tôt, au moment où Alain Laprie était chez lui à Bordeaux.

Alors que de toute évidence : si.

Si on a pu prouver que le gaz était fermé, donc, c'est parce qu'on a d'abord prouvé que le feu avait couvé. Ce qui n'a pas été facile. Mais c'était important, car on touche là, réellement, au cœur de l'enquête. Si le feu a été initié à 19 h 30 ou 20 heures (dernière limite), Alain Laprie est coupable (au fait : quand Thierry Cassis est rentré chez lui, juste derrière chez Marie, du côté où le feu a pris, il n'a remarqué aucune odeur de fumée, à 20 h 30, heure à laquelle le feu est censé couver, sans flammes mais en dégageant beaucoup de fumée) ; si le feu a été initié plus tard, à 21 heures, 21 h 30 ou 22 heures, Alain Laprie est innocent.

Pour démontrer qu'Alain Laprie est coupable, on a fait appel, entre 2004 et 2010, à cinq experts incendie différents, chacun « améliorant » la thèse du précédent. La progression de leurs conclusions est remarquable. Le premier termine ainsi son rapport : « L'hypothèse d'un feu couvant nous paraît ne pas pouvoir être retenue » ; le dernier, grâce aux progrès de la technologie numérique, démontre en vingt-neuf pages qu'il est parfaitement concevable que le feu ait couvé au moins trois heures ; entre les deux, on trouve de jolies formules comme « il n'apparaît pas impossible », « il n'est pas inenvisageable », « il est permis d'imaginer que », « l'incendie a très bien pu couver », « il est en théorie possible que » mais « nous ne pouvons pas conclure sur le scénario de développement du feu », « on ignore si », car « en général » ou « dans la majorité des cas » non, mais enfin là pourquoi pas, bref. Quoi qu'il en soit, même après un chemin long et cahoteux, l'instruction est arrivée là où elle voulait arriver.

L'idée principale est que, la porte entre la cuisine et le couloir étant fermée, le feu a manqué d'oxygène dans l'espace réduit où il se développait, jusqu'à ce que la chaleur accumulée fasse sauter la petite fenêtre des toilettes, au bout de deux heures ou plus, et que l'afflux d'air lui donne une vigueur terrible. (Petite fantaisie, on décrète que la fenêtre des toilettes a été la première à céder, alors que celle de la chambre où le feu a débuté n'était plus qu'un souvenir quand les pompiers sont arrivés – l'un d'eux dit même que c'est par cette ouverture qu'un binôme a commencé à attaquer l'incendie par l'extérieur tandis qu'un autre entrait dans la maison. (Les volets ont brûlé, mais en regardant les gonds, à l'extérieur, on voit qu'ils étaient ouverts. Les pompiers disent qu'ils n'ont commis qu'une seule « effraction » dans la maison, ils ont cassé la petite fenêtre du débarras, sur l'arrière. Quand ils sont arrivés, celle de la chambre d'amis était donc déjà détruite.) Comment peut-on affirmer que la fenêtre des toilettes, bien plus éloignée des flammes et de la chaleur, a éclaté avant celle de la chambre, et que le feu n'a donc redoublé que tardivement ?) Si on ne tient pas compte de la cuisine et du séjour, isolés par les portes fermées, la surface qui reste dans la maison, celle qui contenait l'oxygène disponible, est de 33,45 m^2. Cela semble signifier que si vous vivez dans un appartement de 30 m^2, que vos fenêtres sont fermées et que votre lit prend feu, ne vous affolez pas, ce serait bête : la situation ne deviendra vraiment grave que trois heures plus tard.

La dernière expertise, l'expertise « Feu » définitive, celle qui va clore l'enquête sur ce point (et donc sur tous les autres, pour ainsi dire), est sidérante. (Nouvelle alerte : on est à genoux depuis tout à l'heure, on va tomber à la renverse.) Ses deux auteurs annoncent d'abord qu'un incendie, dans la majorité des cas, embrase une maison en une demi-heure, mais dans certaines « conditions très particulières », un feu couvant, sans flammes, n'est pas impossible. L'idéal serait d'essayer de reconstituer ce phénomène, mais (instant comique) l'éventualité qu'on n'y arrive pas – que le feu prenne de manière « prématurée », c'est-à-dire normalement – étant « plus que probable, la destruction et la reconstruction successives de l'environnement de l'essai avant de trouver un résultat significatif engendreraient des coûts prohibitifs ». Alain Laprie, ce prodige, a réussi du premier coup, mais nous, simples techniciens, il nous faudrait un nombre incalculable de tentatives de reconstitution pour que ça marche, et ça nous coûterait la peau des fesses. On va plutôt procéder à des simulations numériques. Ça coûte moins cher, mais alors c'est compliqué, compliqué… Donc, « pour des raisons d'économie en taille de calcul », on va simplifier un peu le truc. On va écarter du calcul certaines pièces de la zone confinée, comme la chambre de Marie (en expliquant que, contrairement à ce qui est tenu pour acquis dans le dossier depuis six ans, on ne peut pas être certain que la porte de cette chambre qui donne sur le couloir n'était pas fermée, si ça se trouve, donc elle ne ferait pas partie de l'espace clos, gardons cette hypothèse, elle en vaut une autre), et le débarras, allez, ça compte pas le débarras – par conséquent, voilà, c'est plus pratique, on calcule la réserve d'oxygène dont disposait le feu seulement dans la chambre d'amis, la salle de bains et les toilettes. (Tout est fonction de la quantité d'oxygène disponible, c'est primordial, elle n'est pas ici identique à celle de la réalité, donc d'ores et déjà, cette expérience ne vaut plus rien.) On en profite pour se débarrasser de la cloison coulissante en accordéon : puisqu'elle a brûlé au moment du sinistre, « son impact n'est pas important ». (Mais ne tient-on pas vaguement compte du fait qu'avant de brûler, elle était là, et surtout qu'elle était en plastique et pouvait donc accélérer un tout petit peu la propagation des flammes ? Bon, tant pis.) Maintenant, il faut absolument essayer, en ajustant tous les paramètres possibles, de trouver comment le feu a pu couver. C'est pas de la tarte :

« La difficulté consiste à reproduire des conditions de départ de feu compatibles avec un foyer couvant de 3 heures. » (Eh oui… Il en a de bonnes, le juge d'instruction ! Mais on va y arriver, ne baissons pas les bras si vite.) Le but, c'est que le feu prenne vite et fort, consomme beaucoup d'oxygène en très peu de temps, puis forcément, en manque, se mette à couver. Et pour cela, une seule solution : il faut utiliser un accélérant. Et une bonne dose. C'est indispensable. Car : « L'hypothèse d'accélérant en quantité trop faible ou d'un scénario sans accélérant est peu réaliste. » Espérer obtenir un feu couvant sans accélérant serait (les gens rêvent, ils croient que tout se fait sur un claquement de doigts) « extrêmement difficile et hasardeux ». (Pourvu que personne ne vienne rappeler lors du procès que, grâce au détecteur d'hydrocarbures, on a déterminé avec certitude qu'aucun accélérant n'avait été utilisé dans cette pièce…) Une grosse flambée sur le lit, tout l'oxygène de la chambre est absorbé, il n'en reste plus qu'un peu dans les toilettes et la salle de bains : le feu fait moins le malin, pfffooouuiiitttt, il redevient charbon de barbecue qui ronge le lit pendant trois heures en produisant beaucoup de fumée. (Nulle part n'est rappelé ici, quand on évoque cette belle flambée de départ, que le plafond de la chambre est fait de plaques d'Isorel – sur le Net, je lis que c'est formidable, l'Isorel (des « panneaux de fibres dures de bois »), parce que c'est biodégradable et ça peut être « recyclé en pâte à carton, incinéré ou servir de bois de chauffe naturel ». Pratique ! Le premier expert incendie, le seul à n'avoir pas été plus ou moins indirectement influencé par les orientations du juge d'instruction, expliquait qu'à cause de ce plafond en Isorel, l'ensemble de la chambre avait dû s'enflammer en quelques minutes. Cela pourrait expliquer que la boîte d'allumettes, au sol, n'ait pas eu le temps de brûler : des morceaux de toit lui seraient rapidement tombés dessus, avant que le parquet s'embrase.) Ensuite, pour remplir les vingt-neuf pages de ce rapport accablant pour le suspect, ce rapport définitif, qui doit avoir l'air très sérieux, les deux experts se livrent à toutes sortes d'opérations mathématiques et physiques extrêmement complexes et précises, en fonction du poids total du lit et de la quantité d'essence nécessaire à l'obtention du feu couvant tant désiré. On commence par envisager que 7 litres de carburant ont été utilisés. Ce n'est pas une blague, je ne fais que recopier ce qu'on peut lire dans ce rapport. Le hic, c'est qu'on ne sait pas combien pesait la literie (tout est brûlé, mince), mais enfin pour créer les conditions idéalement optimales à l'initiation de l'incendie vers 19 h 30 ou 20 heures, il faut 6 litres d'essence si la literie pèse 30 kilos, 3,5 litres si la literie pèse 35 kilos (eh, les gars, oh, on n'a pas utilisé d'essence, revenez !), et 50 centilitres si la literie pèse 40 kilos. On a envie d'en rire à gorge déployée, on se retient : c'est en bonne partie à cause de ces élucubrations hors sujet que la vie d'Alain Laprie est devenue un cauchemar.

Car ce sont ces élucubrations d'expert qui ont permis d'écrire dans l'ordonnance de mise en accusation, après avoir rappelé qu'on a prouvé « l'usage d'une "coupe pétrolière" identique [hm...] au mélange pour appareils de jardinage que l'auteur présumé avait utilisé l'après-midi pour le fonctionnement des appareils inexplicablement disparus » (mais sans rappeler où cette « coupe pétrolière » a été utilisée) : « Après de nombreux examens techniques, l'hypothèse d'un "feu couvant" doit seule être retenue comme correspondant aux données de l'incendie (reconstitué par modélisation informatique). »

Ce sont ces élucubrations basées sur des paramètres faussés qui ont permis à l'avocat général, au tribunal, d'assener dans son réquisitoire : « Le neveu préféré n'est plus couvert par son alibi horaire, car on sait que le feu a couvé », et au jury, après avoir condamné Alain Laprie à quinze ans de réclusion, de se justifier ainsi : « Les différentes expertises relatives à l'incendie ont, à l'exception de la première [oui, quand même], conclu que l'incendie avait pu se présenter sous forme d'un feu couvant durant deux à trois heures, seule hypothèse susceptible de correspondre avec l'emploi du temps d'Alain Laprie. » Cette dernière partie de la phrase est extraordinaire. C'est la bonne hypothèse car c'est la seule possible si on veut qu'Alain Laprie soit coupable.

Mais ce n'est pas le pire.

Tous les rapports, toutes les synthèses, toutes les expertises surtout, pendant des années, et même la motivation du jury après le verdict, s'appuient sur une donnée initiale : « La porte de communication entre la cuisine et le couloir était fermée lors de l'incendie. » (Les jurés : « Il a été établi à l'audience que [cette porte] était bien fermée, et qu'il existait bien un espace clos permettant le démarrage d'un feu couvant. ») C'est rappelé, mot pour mot, un nombre incalculable de fois dans le dossier, et considéré comme paramètre de base par tous les experts incendie. J'ai été cependant étonné de voir que chacun de ces experts essayait de le justifier à sa manière – ce qui pourtant ne semble pas utile a priori, puisque c'est un fait. L'un remarque une zone de parquet plus carbonisée qu'ailleurs sur le seuil de cette porte et note que c'est probablement dû à la combustion du battant en position fermée (mais cela peut aussi simplement résulter du fait que c'est le dernier endroit qui a pu brûler, avant le carrelage de la cuisine, et que le feu a « fini » là) ; un autre ne relève pas ce détail, mais aperçoit un très petit morceau de bois non brûlé au bas de l'encadrement, ce qui lui fait dire que c'est ce qu'il reste de la porte qui était en position fermée (mais cela peut tout aussi bien être ce qu'il reste du chambranle – pourquoi toute la porte aurait-elle brûlé sauf un petit morceau ? – ou de n'importe quel bout de bois tombé du toit) ; un troisième ne relève ni la petite zone carbonisée ni l'éclat de bois, mais écrit : « La porte communiquant entre le couloir et la cuisine était fermée, en effet le seuil de cette porte est complètement détruit côté couloir, alors qu'il est quasiment intact côté cuisine » (euh, oui, c'est du parquet d'un côté, du carrelage de l'autre). Pourquoi tous ces experts tentaient-ils de prouver comme ils pouvaient que cette porte était bien fermée ? Hm.

Cela ne me disait toujours pas comment on avait réussi à en être sûr, à l'origine. J'ai remonté les milliers de pages du dossier, et découvert la première apparition de ce postulat dans la première expertise incendie, rendue le 20 avril 2004, celle qu'on a plus ou moins discrètement écartée par la suite. L'expert écrit : « D'après les informations qui nous sont communiquées, à l'arrivée des secours la porte de communication entre le couloir et la cuisine était fermée. » Ah, mince. D'après les informations ? Quelles informations ? Communiquées quand ? Dès le début ? Par qui ? Les gendarmes, les pompiers ? J'ai cherché encore. Je suis d'abord tombé sur une phrase dans l'audition d'un pompier, le 6 avril 2004, qui précise qu'ils ont dû « défoncer la partie basse de la porte de communication entre la cuisine et le couloir pour atteindre le feu ». Défoncer la partie basse ? Quelque chose me gênait, mais je ne savais pas quoi. Et puis j'ai repensé aux photos, et trente secondes plus tard, j'ai trouvé d'où venaient les informations qu'on avait communiquées au premier expert incendie.

L'une des quatre photos prises à l'intérieur de la maison par l'adjudant Radis est une vue de la cuisine depuis l'entrée, prise en direction de l'angle opposé, celui où se trouvent les trois embrasures de portes : celle qui donne sur le couloir, à droite, celle qui donne sur le séjour, perpendiculaire, et dans le séjour, celle qui donne sur la chambre de Marie. Sur la photo, cette dernière n'est pas encore brûlée, ou pas totalement en tout cas (on ne voit pas le haut). La porte entre la cuisine et le séjour, dont les deux panneaux de verre ont fondu ou éclaté (il reste seulement une traverse de bois dans la partie basse), est grande ouverte, contre l'embrasure qui donne sur le couloir, donc. (C'est clair ? Je me demande. J'espère que vous avez corné la page où se trouve le plan, tout au début.) Au-delà de cette porte sans ses carreaux de verre, on distingue une partie du couloir, des flammes, le sol est couvert de débris. Pas d'autre porte, donc, celle du couloir a disparu, elle est déjà détruite, on n'en voit que deux, celle du séjour et, plus loin, celle de la chambre de Marie.

Sous cette photo, la légende indique : « Vue depuis l'intérieur de la cuisine : Portes donnant dans les chambres de l'habitation se trouvant sous l'emprise du feu. Le corps de la victime découvert par les témoins se trouvait allongé sur le sol de la cuisine, devant ces deux portes. » Qui, effectivement, paraissent toutes les deux donner dans les chambres (l'une dans le couloir, plutôt) et se trouver en position fermée. Mais non. On a confondu la porte du séjour, ouverte, et celle du couloir. (C'est la partie basse, la traverse de cette porte du séjour que les pompiers ont « défoncée », pensant qu'elle était fermée alors qu'elle était ouverte. (J'espère vraiment que vous avez corné la page.))

Voilà les informations que le premier gendarme sur les lieux, le premier enquêteur, communiquera au premier expert, et qui seront donc transmises à tous les autres ensuite. Les « deux portes » sont fermées : la porte de communication entre la cuisine et le couloir est fermée.

Or non. La porte de communication entre la cuisine et le couloir, en bois plein, n'existe plus : elle avait déjà entièrement brûlé quand Julien et Damien ont pu voir « à travers » celle du séjour. Elle avait brûlé fermée, ouverte ?

Je m'avance mais : ouverte. Pour tout un tas de raisons. D'abord, un peu bêtement, parce que Marie ne la fermait pas. Josy Décembre, elle-même, dit que c'était une porte en bois plein et qu'elle la laissait ouverte. Dans une lettre du 4 novembre 2021, Alain Laprie, depuis sa cellule à Angoulême, m'écrit même que cette porte ne se fermait pas complètement, ou alors il fallait la claquer très fort. Bien sûr, c'est Alain

Laprie qui le dit. Mais s'est-on demandé une fois quel assassin de génie aurait décidé, avec pourtant l'idée d'ouvrir le gaz ensuite, de bien refermer cette porte derrière lui, après un rapide calcul du nombre de mètres cubes d'oxygène disponibles, pour être sûr que la maison n'explose que dans deux ou trois heures ?

Dans leur procès-verbal de constatations, les gendarmes du Groupe des techniciens en investigations criminelles ont relevé sur le mur du couloir, à gauche quand on y entre, c'est-à-dire là où se serait trouvée la porte si elle avait été ouverte, « un point thermique très important, matérialisé par l'éclatement et la chute de l'enduit genre plâtre ». Il n'y avait rien d'autre dans ce couloir, pas de meuble, rien qui aurait pu brûler ce pan de mur, à cet endroit-là précisément.

Si la porte avait brûlé fermée, comment le cadre et la traverse en bois de celle du séjour, grande ouverte, donc toute proche, n'auraient-ils pas brûlé aussi, à quelques centimètres d'un véritable mur de flammes ? Et les cheveux de la pauvre Marie ne seraient même pas roussis, au pied d'une porte qui flambe, une porte en bois plein de deux mètres de haut ? Mais ce ne sont, disons, que des conjectures approximatives. D'autres photos permettent d'être plus affirmatif.

Le lendemain matin, le jeudi 18 mars, les enquêteurs ont photographié toute la maison, au calme. On peut considérer que la porte de la chambre de Marie, donnant sur le séjour, est l'équivalent de celle du couloir, donnant sur la cuisine, elles sont sur le même plan, celui qui délimite la partie de la maison où s'est développé l'incendie (une seule différence : celle du couloir était en bois plein, celle de la chambre de Marie était constituée de deux panneaux de contreplaqué séparés par une traverse médiane, en bois plus solide). Les photos prises dans le séjour montrent qu'au-dessus de la porte fermée de la chambre de Marie, dont pourtant seul le contreplaqué a brûlé, le mur est littéralement calciné jusqu'en haut, noir, charbonneux (ce qui paraît normal, logique, il a été léché par les flammes qui montaient), et le plafond de la salle à manger, dont pas mal de plâtre est tombé, a même été endommagé jusqu'à 1,70 mètre à l'intérieur de la pièce. Or la porte n'a, donc, même pas été détruite en intégralité.

Dans la cuisine, sur la petite partie de mur, de tapisserie, au-dessus de la porte qui aurait brûlé fermée elle aussi et entièrement, il n'y a pas une seule trace de carbonisation. Juste un voile de suie, légèrement noirâtre, comme à peu près partout ailleurs dans la pièce. Le papier peint de la partie droite du mur latéral, entre la porte et la cheminée, est lui aussi absolument intact, seul le côté gauche du chambranle, celui où se trouvaient les gonds, est marqué par le feu. Je ne vais pas écrire tout ce livre avec des pincettes : il est impossible qu'une porte fermée ait brûlé ici. Elle était ouverte. Le feu ne s'est pas développé dans un espace clos, confiné.

On pourra dire que puisque la porte du séjour était ouverte en grand, cela revient presque au même.

Non. D'abord, si elle masque en effet l'entrée du couloir, elle est loin de constituer une cloison hermétique, elle reste à quelques centimètres de l'encadrement. Ensuite, on peut raisonnablement penser qu'elle n'était pas aussi ouverte (donc « fermante ») au moment du départ du feu : avec le corps de Marie qui la bloquait en bas, l'agresseur n'aurait pas pu sortir du couloir après avoir incendié le lit. (Il aurait fallu qu'il sorte par la fenêtre de la chambre (qui donc serait restée ouverte…) puis revienne dans la cuisine pour ouvrir le gaz, ou qu'il rejoigne le séjour par la chambre de Marie (en refermant la porte derrière lui ?), bon, bref.) On peut penser qu'en saisissant le corps de Marie pour essayer de la traîner dehors, Damien et Julien ont poussé la porte, qui n'était pas complètement ouverte. On peut aussi et même penser que Marie ne se trouvait pas à cet endroit lorsque le meurtrier a quitté les lieux après avoir mis le feu – en effet, le fait qu'elle ait les jambes dans le séjour est surprenant, puisqu'elle se trouvait d'abord à quatre pattes ou même étendue au sol dans la cuisine, les flaques de sang en témoignent : elle aurait réussi à se relever après le départ de son agresseur qui la croyait morte ou inconsciente (il avait intérêt à déguerpir vite, mais aussi à ce que tout brûle ou explose vite), aurait tenté de se diriger vers le téléphone (peut-être même debout : il y a des traces sanglantes sur les murs des deux côtés de la porte, côté séjour, à 58 et 71 centimètres du sol, dont une importante et longue qui marque la tapisserie jusqu'en bas, comme si Marie s'était de nouveau effondrée là), qu'elle était à bout de force après avoir perdu beaucoup de sang et qu'elle s'est laissée tomber après avoir constaté la disparition du téléphone, poussant alors la porte dans sa position la plus ouverte. On ne sait pas, on peut imaginer beaucoup de choses, une seule me paraît difficilement contestable : la porte du couloir n'était pas fermée, la donnée de base sur laquelle ont été effectuées toutes les expertises qui ont condamné Alain Laprie est erronée.

Ce n'est pas, cette fois, une question d'instruction trop à charge, d'altération d'éléments du dossier, de malhonnêteté ou de manque d'intégrité, de mensonges de la part de quiconque, par omission ou non, ni même d'incompétence, c'est simplement une erreur, une erreur dès les tout premiers moments de l'enquête. On ne peut en vouloir à personne (si bien sûr on considère que personne n'a songé, dans le mouvement entraînant des investigations, à remettre en cause cette hypothèse première érigée en axiome, que personne n'a cherché à la vérifier), mais le résultat, c'est que les expertises qui ont fini par péniblement « démontrer » que le feu avait pu couver trois heures avant de se déclencher véritablement ne sont plus valables : il y avait largement assez d'oxygène dans la maison pour que l'incendie se développe rapidement, comme tout incendie. On ne peut, contrairement à ce qu'on ressent face aux manœuvres pour annuler l'alibi d'Alain en refusant de prendre le gaz en compte, on ne peut en vouloir à personne, mais on ne peut pas non plus faire comme si de rien n'était, oublier un homme au fond d'un trou, on ne peut pas le laisser de côté, dans une cellule pour une bonne partie des dernières années de sa vie alors qu'on l'y a envoyé à cause de faux calculs. On ne peut pas ne pas – on ne peut pas ne pas – au moins lui accorder une nouvelle chance d'être jugé normalement.

Car il y a certes, d'un côté, le témoignage de Georges Novembre, mais de l'autre : selon toute vraisemblance, quand le gaz a été ouvert, quand le feu a débuté, Alain Laprie était à Bordeaux.

Cette nouvelle chance d'être jugé, il ne l'a pas eue. Car c'est une bizarrerie (je n'y connais pas grand-chose, mais il me semble) du système judiciaire français : Alain Laprie n'a pas eu le droit de faire appel de sa condamnation. Oublions le premier procès en 2016, balayé. En 2018, il est acquitté (comme il l'aurait sans doute été deux ans plus tôt), logiquement selon moi – le premier jour de ce deuxième procès, *Sud Ouest* a écrit, de manière un peu inhabituelle, que la cour d'assises était « prête à juger sereinement et en toute objectivité ». Après le verdict, le parquet général fait appel, ce n'est pas très fair-play mais c'est le « jeu » : le parquet n'est pas content de la décision, il proteste, il a le droit à un deuxième essai de condamnation. En 2020, Alain et ses avocats se rendent au procès sans grande inquiétude je suppose, mais surprise, choc, effarement, il prend quinze ans. Et là, il n'a pas la possibilité de se retourner, de protester, c'est fini, un seul appel est possible, il a déjà été utilisé, pas par lui, par ses adversaires, mais tant pis. C'est fini. (C'est un peu comme un match de foot où on aurait droit à deux remplaçants, à la mi-temps Monaco change deux joueurs : tant pis pour Châteauroux, les deux changements ont été utilisés, il faudra faire avec les onze Castelroussins de départ. C'est un peu comme ça, en pire.) Alain Laprie estime que cette condamnation inattendue est brutalement injuste, mais il n'est pas autorisé à la contester.

La seule sorte d'appel, si on veut, qu'il lui restait, c'était la cassation. Mais ce n'est pas pareil. Un pourvoi en cassation ne peut être admis qu'en cas de vice de procédure, c'est principalement technique. Cependant ça tombe bien, car selon les avocats d'Alain, il y a effectivement eu un vice de procédure lors du dernier procès (sans compter ceux qui ont pu entacher l'instruction).

À l'audience, ce qui a tout changé pour les jurés (puisque tout le reste était identique aux deux précédentes éditions), c'est la projection de la confrontation entre Alain et son oncle Georges. (Interviewée dans *Sud Ouest*, Me Orchidée, avocate des enfants de Georges Novembre, le reconnaît elle-même : « La vidéo est sans doute ce qui a fait basculer le procès. ») Sur le papier, quand on lit le compte-rendu de cette confrontation, on raisonne calmement, seulement sur les mots, on peut avoir le sentiment que ce sont juste deux paroles opposées qui s'affrontent, mais plus que cela, on a même tendance à se dire que l'accusé se défend avec justesse et logique, semble sincèrement estomaqué par les allégations de celui qui l'accuse, tandis que les propos de ce dernier peuvent paraître tirés par les cheveux et relativement peu crédibles. À l'image, c'est une autre histoire. Mariane a été la première décontenancée par ce qu'elle a vu. Ce costume blanc… Non, ici, il faut d'abord une pause pour préciser (encore) quelque chose : Alain ne portait pas de costume blanc. Tout est toujours exagéré (le mot est faible). Dans *Sud Ouest*, Me Orchidée, pour les parties civiles, déclarait qu'il était « tout de blanc vêtu » (elle ajoutait « sûr de lui » (ce n'est pas à proprement parler une marque de culpabilité, si ? (au contraire, non ?)) et « presque dédaigneux » (seulement ? c'est plutôt sympa et mesuré de la part d'Alain)), mais c'est encore exagéré. Quand Mariane m'en a parlé, à Bordeaux, après ma séance de signatures chez Mollat, elle m'a effectivement dit qu'elle avait été très étonnée par le choix vestimentaire de son mari, mais en nuançant : il s'agissait d'une chemise blanche (je pense que pas mal d'hommes en portent sans être particulièrement arrogants, et probablement sans avoir jamais tué personne) et d'un pantalon de toile clair, genre écru (la confrontation a eu lieu en juin, il fait chaud en juin du côté de Bordeaux). On est loin du costume à la Barclay dont on parlait sur W9, mais Mariane s'est tout de même demandé ce qui lui était passé par la tête au moment de se décider pour ce look (la confrontation avait lieu à 14 h 30, elle travaillait, elle ne l'a pas vu se préparer ce matin-là) : « Je ne sais pas ce qui lui a pris, il ne s'habille jamais comme ça. » Son comportement face à Georges Novembre l'a étonnée aussi – même si elle sait que c'était un moyen, maladroit sans doute, d'endiguer la colère et l'indignation que provoquaient en lui les affirmations de son oncle –, ce n'est pas lui, ça ne lui ressemble pas : sur la vidéo, il ne se tient pas droit, il est faussement détendu, caricatural, condescendant avec le pauvre vieux monsieur, parfois il s'énerve et le traite carrément de menteur et d'escroc. À l'inverse, Georges est tout contracté, mal à l'aise (hormis quelques sursauts d'assurance, quand par exemple on lui demande de répéter ce que lui a confessé son neveu, il répond : « J'ai déjà raconté ça quatre ou cinq fois, vous l'avez au dossier » (il faut répéter quand même, monsieur), et quand on lui demande si Alain a bien pleuré dans ses bras après lui avoir tout avoué, il dit qu'il n'a « quand même pas fallu une serpillière pour essuyer ses larmes, mais enfin… »), il baisse la tête, il bouge sur sa chaise, s'emmêle dans ses réponses, et le greffier note en fin de procès-verbal : « Mentionnons que nous avons été obligés à plusieurs reprises de répéter les questions à M. Georges Novembre, lequel nous a indiqué souffrir de problèmes de surdité. » L'impression générale est désastreuse pour Alain. Un grand-père fatigué et confus (« un papi authentique », dira Me Orchidée dans *Sud Ouest* – « criant de vérité », selon la voix off de W9), qui n'est pas à sa place dans le cabinet d'un juge d'instruction, face à un parvenu hautain et méprisant.

(Je connais peu Alain, je ne l'ai vu que quelques heures, mais nous nous sommes beaucoup écrit, et je connais mieux Mariane et Valentin, je sais qu'on peut se faire une idée de quelqu'un en fonction des personnes qui l'aiment, en tout cas pas plus qu'eux je ne peux l'envisager sous les traits d'un parvenu hautain et méprisant, pas une seconde. Alors j'essaie de me mettre à sa place – en supposant bien sûr qu'il est innocent de ce dont l'accuse Georges Novembre. En 2010, il doit trouver toute cette histoire absurde, il n'imaginait pas que cela irait jusque-là mais il a tout de même été mis en examen, on semble croire son oncle, ça sent le roussi. Cette confrontation peut s'avérer cruciale, déterminante. Il doit à tout prix montrer, d'une part, qu'il n'a pas de problèmes financiers, qu'il est à l'aise de ce côté-là, que jamais il n'aurait pu tuer sa tante pour de l'argent (d'où la tenue blanche – claire, pour être précis – de business-man en vacances au Cap-Ferret – ce qu'il (je l'y ai vu, au Cap-Ferret) n'est pas), et d'autre part que les calomnies de son oncle ne le déstabilisent pas tant elles sont grotesques, qu'il n'a rien à craindre, qu'il est parfaitement tranquille, insouciant. Comment nous comporterions-nous, comment me comporterais-je si j'étais accusé à tort par quelqu'un de ma famille, risquais des années de prison et devais tout jouer sur une heure ou deux dans le bureau d'un juge ? Est-ce que je serais subtil, habile et fin, est-ce que je saurais facilement, et efficacement, sans hésitation ni mal-adresse, montrer qui je suis vraiment ? (De la même manière, mais à l'opposé, l'état de tension et de malaise manifeste dans lequel se trouve Georges peut s'expliquer de deux façons : il n'a pas l'habitude d'avoir affaire à la justice, il est empoté, et gêné de devoir dénoncer un membre de sa famille, on le comprend, on compatit ; ou bien il est inquiet et crispé parce qu'il ment devant le neveu qu'il va envoyer derrière les barreaux, et qui sait qu'il ment.))

Pourquoi le président de la cour d'appel décide-t-il soudain, au troisième procès, de projeter la vidéo de cette confrontation ? A priori (ce n'est que mon fort modique avis de profane qui voit l'injustice partout), ce n'est pas une démarche neutre, impartiale, c'est clairement en défaveur de l'accusé (je dirais). L'idée, ce doit être : puisque le principal témoin est décédé, puisqu'il ne peut pas se présenter à la barre, ce qui serait pourtant décisif face aux jurés (mais son épouse pouvait le suppléer un peu, et n'est pas venue), faisons-le apparaître sur l'écran, ce sera toujours ça. (Interviewé dans *Enquêtes criminelles*, sur W9, Christian Novembre s'indignera : « Si mon père avait été présent au procès, Alain n'aurait certainement pas dit en face ce qu'il a dit, ça aurait tout changé. [...] Parler de quelqu'un quand il n'est pas là, c'est facile ! » Christian oublie que c'est pourtant exactement ce qu'a fait Alain : dire à son oncle, en face, ou du moins assis à côté, à un mètre, ce qu'il pensait de lui. Avec aplomb ou arrogance, même, dit-on. « Menteur », « voleur », « il n'a qu'une ambition, c'est de toucher l'héritage », « il manigance depuis toujours et manipule tout le monde ». En regardant son profil.)

Or si on en croit les avocats d'Alain, le président de la cour n'avait pas le droit de décider seul de projeter la vidéo – c'est la raison principale du pourvoi en cassation. Je n'en sais rien, je ne fais que reproduire ce qu'ils écrivent, qui me semble assez solidement justifié. Pour résumer, le président a usé de son « pouvoir discrétionnaire » pour briser le scellé de la vidéo afin qu'elle soit visionnée, « sans provoquer préalablement les explications contradictoires des parties », c'est-à-dire sans demander leur avis à la défense et à l'accusation. Mais ceci n'est possible, selon l'article 116-1 du code de procédure pénale, que dans un seul cas : s'il y a « contestation sur la portée des déclarations recueillies » (en gros, le procès-verbal fait dire à Bidule : « J'ai toujours détesté Machin », lors de l'audience Bidule nie farouchement avoir prononcé cette phrase (il ne porte pas spécialement Machin dans son cœur, mais enfin il ne le déteste pas, n'exagérons rien), le président peut décider seul de visionner l'enregistrement pour savoir s'il l'a dit ou pas – faut assumer, Bidule). Il n'y a eu absolument aucune contestation au sujet des propos tenus pendant la confrontation, le président n'a décidé d'en projeter l'enregistrement que pour « éclairer » le jury, et sans se soucier de l'avis de qui que ce soit. En ce sens, « il a excédé ses pouvoirs et violé l'article 116-1 ». Ce serait un motif de cassation.

Pourtant, le 30 juin 2021, la Cour de cassation « constate qu'il n'existe, en l'espèce, aucun moyen de nature à permettre l'admission du pourvoi », qui est rejeté sans autre explication.

Ce qui peut être sous-entendu dans cette décision, c'est quelque chose de l'ordre de : « Qui ne dit mot consent. » Car les avocats n'ont pas protesté lorsque le président de la cour a demandé au greffier de briser le scellé pour procéder au visionnage de la vidéo. Ils auraient pu. L'un d'eux a d'ailleurs confié à Mariane qu'ils avaient hésité à susciter un incident d'audience, et y avaient renoncé. Il faut reconnaître que c'était délicat. On juge votre client, il dit n'avoir rien à cacher, le président propose de regarder les images de l'un des moments les plus importants de l'instruction : « Non ! Refus ! Non ! » Ça ferait louche aux yeux des jurés. À partir du moment où le président a annoncé qu'on allait voir cette confrontation, qu'on réagisse comme ci ou comme ça, il était trop tard.

Me François Saint-Pierre, engagé à l'automne 2021 pour déposer un recours auprès de la Cour européenne des droits de l'homme (Alain espérait que ses trois avocats précédents s'en chargeraient avant son incarcération), s'est appuyé sur deux éléments principaux : après la condamnation d'Alain en 2020, la motivation plus que légère, et en plusieurs points peu sérieuse, fournie par le jury (composé en appel de neuf jurés populaires et de trois magistrats, le président de la cour – qui avait demandé la diffusion de la vidéo – et ses deux assesseurs) ; et carrément l'absence de toute motivation, en 2021, du rejet du pourvoi en cassation. J'ai reçu avant-hier un mail de Mariane : le recours vient d'être rejeté par la CEDH. Rapidement et sans aucune motivation, encore. Alain restera emprisonné. Contre toute raison.

Je ne sais évidemment pas qui a tué Marie Cescon, ce n'est pas le but de ce livre, je n'ai pas les moyens de savoir de toute façon, surtout ce n'est pas mon rôle. C'était à la gendarmerie et aux différents juges d'instruction de faire ce travail. Les pistes possibles ne manquaient pas – on n'en a pas exploré une seule, hormis bien sûr la piste Laprie, explorée comme un bocal de cornichons, jusqu'au fond, et dans les moindres recoins de l'espace-temps. Parmi d'autres, celle d'un simple vol d'argent, ou du moins d'une intrusion forcée chez Marie. L'endroit où elle a été violemment poussée contre l'angle du mur pourrait laisser penser qu'elle se trouvait devant sa porte et ne voulait pas que la personne pénètre chez elle, qu'on l'a attrapée fermement et « jetée » sur le côté gauche pour entrer. (On n'en a pas parlé, mais il y a des traces de sang sur la porte de la cuisine, presque jusqu'au milieu du battant côté véranda, des traces semblables à celles que les cheveux de Marie ont laissées sur le coin du mur à côté, à peine plus bas. Elles pourraient tout à fait laisser penser que la porte était fermée, derrière elle, au moment où on l'a poussée, et que sa tête a cogné ou frotté contre tandis qu'elle s'affaissait.) Alain a dit et répété qu'elle gardait de grosses sommes d'argent liquide chez elle, 3 000 ou 4 000 euros parfois. Mais les gendarmes ont vite conclu que la maison n'avait pas été fouillée, que rien n'avait été dérobé. Le débarras, dont seule l'entrée a brûlé, était pourtant dans un grand désordre, avec des cartons, des vêtements et des objets renversés partout. Peut-être était-il toujours dans cet état ? On n'en sait rien. Alain a déclaré qu'elle gardait ses billets dans une boîte en fer-blanc, mais qu'elle avait changé de cachette depuis le vol qu'elle avait attribué à tort à son filleul Pascal Mars. On lui a expliqué que, non, le mobile ne pouvait pas être crapuleux puisqu'on avait retrouvé, dans ce débarras, plus de 800 euros dans une enveloppe, laissés là – mais alors s'il était l'assassin cupide qu'on a voulu faire de lui (le pingre qui emporte ses outils après avoir tué sa tante car ce serait dommage de les perdre dans le feu), ne les aurait-il pas mis dans sa poche, ces 800 euros, lui qui savait mieux que n'importe qui où se trouvaient les économies de sa tante ? Et combien d'autres pistes, combien d'autres suspects potentiels, puisqu'il semble qu'au départ ce soit un genre d'accident, un geste brutal, imprévu, qui tourne mal ? (On peut même envisager que Marie ait pu avoir affaire à deux personnes, ce qui expliquerait par exemple qu'il n'y ait pas de sang sur les boutons de la gazinière, contrairement à la boîte d'allumettes, et que l'agresseur ait agi, en un temps probablement court, dans plusieurs pièces de la maison, ait allumé du feu dans la cheminée et dans la chambre, alors que Marie dans la cuisine n'était pas morte, que les empreintes aient peut-être été effacées, qu'il ait pu emporter à la fois le téléphone et les outils d'Alain, peut-être aussi de l'argent trouvé dans le débarras. Pourquoi pas deux personnes ? Mais enfin on ne sait pas, je ne sais pas, en parler ne sert à rien, ce n'est pas mon rôle.) On n'a jamais cherché nulle part. Un voisin proche, Jérémy Céleri, faisait paître ses moutons dans un grand pré appartenant à Marie (celui qui constituera l'essentiel de son héritage), et même si c'était bien pratique pour « tondre » l'herbe, elle aurait aimé qu'il la dédommage autrement qu'en lui fournissant quelques sarments de vigne de temps en temps, Alain avait dû aller le voir peu avant la mort de Marie pour en parler. Il m'a écrit le mois dernier que ce monsieur Céleri était un brave homme, qui ne pouvait décemment pas être suspecté. Mais ne serait-ce que pour le principe (celui de l'enquête), les gendarmes auraient pu lui poser une ou deux questions (ils ne lui ont demandé qu'une chose : le suspect est-il venu le voir ?) au sujet de ce léger litige, ou prendre vingt secondes (alors qu'on a passé des centaines d'heures à retourner dans tous les sens la vie d'Alain) pour lui mettre un coton-tige dans la bouche et vérifier que son ADN n'était pas le même que celui qu'on a retrouvé sur le mégot inconnu, qu'on n'a jamais cherché à identifier. Non, rien. Raymond Raisin, un ouvrier agricole qui s'occupait des vignes qui se trouvaient à l'époque juste en face de chez Marie (depuis, des maisons y ont été construites), interrogé le 9 avril 2004 parce qu'il travaillait le jour des faits, déclare qu'il l'a aperçue vers 16 heures dans son allée, il lui a fait un signe pour lui dire bonjour, elle lui a répondu, elle était seule – ce devait être peu avant l'arrivée de Christian Novembre et de sa famille. Aux alentours de 17 h 15, il a vu une voiture « relativement grosse, de couleur foncée, peut-être noire » s'arrêter sur le bord de la route, devant le portail de Marie, et y rester sans que personne en sorte. Quelques minutes plus tard, il a de nouveau regardé, la voiture n'était plus là. Il ne l'a plus revue ensuite jusqu'à son départ du vignoble, vers 19 h 15. Quelqu'un qui aurait pu revenir plus tard ? On n'a pas creusé. Il est vrai que ce n'était pas évident (creuser où ?), mais de toute manière, la voiture d'Alain était gris clair, donc aucun intérêt.

Connaître le nom du meurtrier (ou de la meurtrière, pourquoi pas ?) de Marie n'a aucune importance pour moi – pour la famille si, bien sûr, pour la justice évidemment – et ce livre n'a même pas pour intention (malgré les apparences, je crois) d'essayer de montrer qu'Alain Laprie est innocent du crime pour lequel on l'a condamné (même s'il faut que je reconnaisse, honnêtement, que ça m'arrangerait qu'il le soit – dans un courrier que je lui ai envoyé à Angoulême, je lui ai posé clairement la question, une fois pour toutes et pour la forme, un peu gêné mais je voulais qu'il me l'écrive ; il m'a répondu le 18 novembre 2021 : « Sois assuré de mon innocence dans la mort tragique de ma tante Marie, je ne sais quoi te dire de plus » (ça ne signifie pas grand-chose, j'en ai conscience, mais j'avais besoin qu'il me l'écrive, et je le crois – et tous ceux qui connaissent bien Alain le croient, ils savent qu'il aimait sa tante, qu'il était très proche d'elle, présent, toujours, depuis son enfance (quelques enquêteurs le savent peut-être aussi : plusieurs synthèses écrites lors de l'instruction prétendent qu'Alain Laprie a voulu se précipiter dans la maison en feu sans se soucier le moins du monde de sa tante, mais les toutes premières auditions des gendarmes présents ce soir-là contredisent cette accusation aberrante, l'un indiquant que le futur suspect a souhaité pénétrer à l'intérieur « après nous avoir demandé l'état de santé de Mme Cescon », un autre qu'il a aussitôt souhaité voir le corps de Marie, qui était recouvert, et qu'on l'en a empêché car elle n'était « pas belle à voir »))) ; ce livre a simplement pour intention d'essayer de montrer qu'Alain Laprie n'a pas été correctement jugé. Que la gendarmerie et la justice n'ont pas accompli sérieusement la mission qu'elles sont censées accomplir.

À quelques étapes de l'instruction, les trois juges qui se sont succédé en dix ans ont parfois tenté, brièvement, peu après avoir ouvert le dossier pour la première fois, de regarder ailleurs qu'en direction d'Alain Laprie. Le second, par exemple, dès son arrivée sur l'affaire, a délivré quelques commissions rogatoires pour qu'on détermine qui était fumeur dans l'entourage de Marie ou ce qu'elle mangeait le soir d'habitude, pour qu'on retrouve Pascal Mars ou qu'on réentende Michel Kiwi afin de s'assurer qu'il a bien fermé le robinet de la bouteille de gaz. Mais rapidement, parce qu'ils avaient autre chose à faire ou parce qu'ils suivaient leur intime conviction, ils se braquaient de nouveau sur Alain. Le plus simple. Ce n'est pas ce qu'on peut appeler de la malhonnêteté. Il en va de même pour la plupart des gendarmes. Eux aussi paraissent avoir été guidés, du début à la fin, et uniquement, par leur intime conviction. Comme les jurés naturellement, puisque c'est au final ce qu'on leur demande. L'intime conviction, qui ne doit en théorie prendre le pas sur tout le reste, les faits, les preuves, les aveux, que par défaut, si j'ai bien compris, devient souvent – faute de moyens, de temps (pourtant, cette fois, il n'a pas manqué), de lucidité, d'impartialité – la règle, l'arme bien pratique, le glaive mou toujours à portée de main. L'intime conviction est la facilité. Et c'est parce qu'elle a selon moi tout dirigé dans cette affaire, à tous les niveaux, à chaque instant, qu'il serait ridicule de lui opposer la mienne (Alain Laprie est innocent), qui n'a pas plus de valeur que celle de n'importe qui. L'intime de chacun peut-il décider du sort d'un autre ? Dans l'intime, profond, sommes-nous si bienveillants, altruistes, objectifs et justes ?

Il existe d'innombrables histoires comme celle-ci, tristes et injustes, rageantes, que je ne connais pas. (J'ai parlé du projet de ce livre à une amie avocate, qui a haussé les sourcils en disant « Ben oui… », comme si je débarquais de la Lune : « C'est loin d'être rare, crois-moi. ») D'innombrables histoires de condamnations où – sans même parler d'erreur judiciaire – la présomption d'innocence n'existe pas, le bénéfice du doute n'existe pas. Je n'ai raconté celle de Marie Cescon et Alain Laprie que parce qu'on me l'a mise sous les yeux, dans les mains, et que je ne me voyais pas faire comme si je n'avais rien vu, comme si Alain n'était pas venu me parler, entre une saucisse et une huître. Mais aussi parce qu'elle me paraît symptomatique, et même à la limite de la caricature : gendarmes et juges d'instruction ont, dans les faits, refusé de présumer et même d'envisager qu'Alain puisse être innocent ; quant au bénéfice du doute, on aimerait en rire : au mieux, ou au pire, même avec les yeux de l'accusation, et les lunettes du soupçon, tout n'était que doute, tout, jusqu'à la seule preuve, le témoignage de son oncle.

Qu'on croie Alain Laprie innocent ou non n'est pas la question, on peut croire ce qu'on veut. Simplement, une justice sérieuse et digne, honnête, ne pouvait pas l'empêcher de poursuivre sa vie sans raison valable, ne pouvait pas le priver de sa liberté, de sa famille, de ses amis, de ses années de retraite, en faisant mine, avec cynisme, de s'appuyer sur un dossier qui ne contient que du vide, trouble, des inepties, des leurres, des ruses, des mensonges, des erreurs. C'est de la non-justice, de l'injustice.

Maintenant (à la fin de ce chapitre, en juin 2022, et non pas en 1953 ou 1964, comme dans mes livres de ces dernières années, dont les personnages principaux, mal jugés, mal traités, emprisonnés à tort, sont morts depuis longtemps), officiellement, tout est fini pour Alain Laprie. Comment est-ce possible ? En France, en Europe, ailleurs qu'en Syrie ou au Mexique ? Comment peut-on accepter de ne rien faire de plus, de laisser les choses telles qu'elles sont, comment peut-on se contenter de « Ben oui… », ne pas essayer de sortir Alain du puits et d'obtenir une révision de son procès, devant une justice intègre, équitable, comme elle peut l'être, comme elle l'est souvent ? Muriel Ouaknine Melki s'y consacre. De mon côté, j'ai écrit ce livre dans l'espoir, infime, qu'il se passe quelque chose, je ne sais pas quoi, je l'ai écrit pour Alain, mais peut-être plus encore – parce que j'ai un fils (qui a passé quarante-huit heures en garde à vue, dont vingt-quatre au fond de l'insalubre et sinistre dépôt du Palais de Justice de l'île de la Cité, ce pignouf) et que je sais qu'on souffre davantage de ce qui arrive à ceux qu'on aime qu'à nous-mêmes – pour Mariane et Valentin, dont le mari, l'amoureux, et le père a été retiré du monde, de leur monde, Mariane et Valentin incrédules, amputés.

Ce qui est arrivé, ce n'était qu'une formalité, un procès, ce n'est qu'une erreur parmi beaucoup d'autres. Pas pour eux. C'est leur vie. Je les revois tous les deux sur la terrasse ensoleillée de ce café à Bordeaux, en fin d'après-midi, dans une rue piétonne très fréquentée, nous trois, le téléphone de Mariane posé sur la table. Près de nous, des centaines, des milliers de gens passent, insouciants ou non, fatigués ou pleins d'élan, d'enthousiasme, quelques gendarmes peut-être, un juge, des plombiers, ils vont dîner dehors ou rentrent chez eux, au milieu Mariane et Valentin essaient de faire bonne figure, de se détendre, Mariane fait de son mieux pour sourire, la foule autour, la vie qui passe, Alain au téléphone.

Cet ouvrage a été mis en page par

<pixellence>

CET OUVRAGE
A ÉTÉ ACHEVÉ D'IMPRIMER
SUR ROTO-PAGE
PAR L'IMPRIMERIE FLOCH
À MAYENNE EN AOÛT 2022

N° d'édition : 546228_0. N° d'impression : 100946
Dépôt légal : octobre 2022
Imprimé en France